국어과 교사 전문성 신장 노트 1

# 국어과 교과서론

국어과 교사 전문성 신장 노트 1

# 국어과 교과서론

주세형 · 남가영 지음

사회평론

국어과 교사 전문성 신장 노트 1

# 국어과 교과서론

2014년 2월 21일 초판 1쇄 인쇄
2014년 2월 27일 초판 1쇄 발행

지은이 주세형(교신저자), 남가영(제1저자)
펴낸이 윤철호
펴낸곳 (주)사회평론아카데미

편집 신종우 · 김천희
표지 본문 디자인 김진운 · 황지원
본문 조판 디자인 시
마케팅 한해규 · 허신애

등록번호 2013-000247(2013년 8월 23일)
전화 02-2191-1133
팩스 02-326-1626
주소 121-844 서울특별시 마포구 월드컵북로12길 17(2층)

ISBN 979-11-85617-02-2 94710



이 연구는 2010년도 서강대학교 교내연구비 지원에 의한 연구임(과제번호 2010100 06.01.).

# 국어과 교사 전문성 신장 노트 시리즈를 펴내며

국어교육학이 학문적 정체성을 정립한 것은 1980년대 후반이다. 그렇기 때문에 핵심 개념을 본격적으로 익힐 기회를 갖지 못한 경우가 많다. 더군다나 국어교육학의 연구 주제 및 관점은 사회적·문화적 환경의 변화에 따라 역동적으로 변화하기 때문에 국어교육학의 역동적 변화를 따라가기도 현실적으로 어렵다.

본 시리즈는 국어교육학의 핵심 개념을 익힐 기회를 갖지 못한 교사, 핵심 개념을 알고는 있으나 실천적 경험을 새롭게 할 필요가 있는 교사, 한창 국어교육학을 공부하고 있는 예비 교사 모두에게 도움을 주고자 기획되었다.

국어과 교사는 교수자이자 연구자여야 함은 이미 거부할 수 없는 대세이다. 교사는 이러한 흐름에 따라 스스로 이론과 실천을 일치시켜야만 한다. 이론과 실천에 큰 간극이 있다고 보는 것은 이론에 대한 선입견에 지나지 않는다. 특히 교사가 이러한 선입견을 갖게 되는 근본 이유는 "연구에서 다루고 있는 개념의 폭과 깊이가 학교 현장에서와 현격하게 다르기 때문"이며, 그로 인해 국어교육학 이론이 실천의 장에 적용되기가 쉽지 않기 때문이다(최지현, 2011: 439).

그렇다면 이론 측에서 '실천에서 다루는 개념'을 받아들여야 하는가, 아니면 그와는 반대로 실천 측에서 이론과 소통하려는 노력을 해야 하는가? 실천을 목적으로 하는 응용 학문일지라도 이론은 개념을 생산하고 유지하는 데 존재 이유가 있다는 점을 고려하면, 실천 현장에서는 학계에서 다루는 개념을 적극적으로 받아들일 필요가 있다. 그러나 현장에서는 현장 나름대로 유지해 온 개념이 있다는 이유로 이와 같은 이론의 입장에 반론을 제기할 가능성 또한 있을 수 있다.

그러나 학교 현장의 교사마다 이해하고 있는 개념은 엄밀히 말해 '맥락에 따라' 또는 '사례에 따라' 다르다는 점을 상기할 필요가 있다. 현장에서 교사가 이해하고 있는 '개념'은 실천의 장에서 구성된 '경험적 지식'에 해당하기 때문이다. 결론적으로, '개념'의 불통은 '이론과 실천의 장 사이'뿐만 아니라 '실천의 장에 종사하고 있는 교사들 사이'에서도 존재한다. 그러므로 현장 간의 소통을 원활히 하려면 경험적 지식의 약점을 극복할 수 있는 '거점 개념'을 통일해야 한다. 학계의 이론은 이런 점에서 교사의 실천력을 더욱 강화시킬 수 있다. 단, 현장을 더 많이 읽어낼 수 있고 교사의 실천력을 강화할 수 있는 이론은 과연 어떠해야 하는가는 깊은 성찰에서 비롯되어야 함은 너무나 당연하다.

요컨대 국어과 교사가 '이론가'도 되어야 하는 이유는 실천력을 강화하고 그 전문성을 드높이기 위함이다. 이에 본 시리즈는 국어과 교사가 이론가인 동시에 과학적인 실천가가 되어야 한다는 비전을 제시하고, 그러한 비전을 공유함으로써 지닐 수 있는 장점을 제안하고자 한다.

- 장점 1: 교사 개인의 실천력 강화를 위하여.

과학적인 예측력을 지닌 실천 모델을 구축할 수 있으며, 그에 따라 다양한 변수에도 더욱 타당하게 대처 방안을 마련할 수 있어, 교사의 실천력이 강화된다.

- 장점 2: 실천가의 소통을 위하여.

거점 개념을 통일할 수 있기에 실천가들 또는 현장 교사들 사이의 소통이 더욱 원활해진다.

- 장점 3: 이론가와의 소통을 위하여.

이론가와의 소통을 원활히 함으로써 학문 공동체에서 이론가들이 구축한 개념을 전수받는 것이 아니라 실천가가 스스로 더 잘 구축할 수 있는 층위의 이론을 독자적으로 개발하고 이론가들에게 피드백도 줄 수 있다.

'교사 전문성 신장 노트' 시리즈의 첫 번째 이론서인 이 책은 크게 2부로 구성되어 있다. 제1부는 이 책이 지향하고 있는 이론적 관점을 소개하면서 제2부 각 장의 사례를 선택한 논리, 이 책의 활용법 등을 기술한다. 제2부는 모두 네 개의 장으로 이루어져 있으며, 각 장에서는 특정 교과서의 특정 대단원을 선택하여 해당 사례를 중심으로 교과서 이론을 구성해 낸다.

# 차례

제1부

# 왜 교육과정 상세화 작업을 역추적하는가

이 책은 국어 교과서에 대해 독자적 이론을 구축하려는 노력의 일환으로 기획된 '이론서'이다. 그렇지만 이 책을 처음 접한 독자들은 이 책을 교과서 비평 사례 모음집이나 실천 지침 제공서로 받아들일 가능성이 높다. 그동안의 이론서에서 종종 확인할 수 있던 국어 교과서에 대한 명제적 지식을 단순 기술하거나 설명하는 데 그치지 않고 사례 중심으로 개념을 풀어주기 때문일 것이다. 그러나 이 책은 이론과 실천을 매개하는 중간 층위의 이론적 관점을 대표적 사례 중심으로 기술하고, 예비 교사들이 이를 체화하고 연습할 수 있도록 전문성 향상의 방향성을 제시하는 이론서이다. 이는 국어교육학계에서 최초로 시도된 형태임을 감히 자부한다.

『국어교육의 이해』(최미숙 외, 2012)를 비롯한 국어교육학 개론서들을 접하는 예비 교사들은 그 진술이 매우 추상적이라 이해하기 어렵다고 호소한다. 수학이나 철학처럼 추상적 사고와 명제의 구축을 추구하는 학문도 아니고, 더군다나 '실천'을 궁극적 목적으로 하는 국어교육학은 적어도 '구체적인' 진술을 지향해야 하지 않을까? '실천에 대한 구체적 지침'을 요구하는 수많은 실천가 또는 실천 지망생에게 국어교육학 이론서들은 위와 같은 의문을 가지게 한다. 이론서들은 대체 왜, 추상적인 진술을 선호하는 것일까?

국어교육학의 연구 대상은 '맥락적'이다. 연구 대상 중 하나인 수업만 보더라도 변수가 얼마나 많은가? 게다가 수업 목표와 수업 수단이 동일한 '국어' 교과는 다른 교과에 비해 변수가 더욱 다양하다. 그런데 그 모든 맥락과 변수를 고려해 이론적 차원에서 '일반적인 진술'을 해야 하니 당연히 개론서에서는 추상적인 진술이 나올 수밖에 없다.

문제는 그 많은 '사례(가능태)' 중 어떤 것을 선택할 것인가이다. 수많은 사례들을 일일이 다 검토할 수 없기에, '추상적 이론 차원의 진술'을 뒷받침해 줄 수 있는 '가장 적절하고도 전형적인 사례'를 제대로 선택하여 제대로 공부한다면, 예비 실천가들은 '현실에서 실현 가능한 사례(실현태)를 보여 주는 원리'를 좀 더 핵심적으로 파악할 수 있을 것이다. 이 책에서 선택된 네 가지 사례는 바로 국어 교과서 이론의 핵심 개념 및 진술을 전형적으로 표상한다.

## 1. 왜 '교과서'인가

'국어 교과서'는 '교육과정, 평가, 각 영역 성취 기준'과 긴밀한 연계를 지니고 있으면서, 교사나 학생 모두를 '구체적이고 물리적인 실체'로 인식하고 있기에, 이론과 실천을 연계하는 전문성 향상 연습에 적절한 주제 중 하나이다. 즉, 국어교육학 전체 '이론'을 더 잘 이해하기 위해서, 또는 제대로 실천하는 교사가 되기 위해서, 국어 교과서는 가장 핵심적인 영역이다.

국어과 교사가 교과서를 대상으로 실행할 수 있는 실천 양상은 다음 세 가지가 있다.

첫째, 교과서를 연구하여 수업을 실행할 수 있다. 국어과 교사 전문성의 핵심은 국어 수업 전문성이며, 국어 수업의 핵심은 '교과서'이다. 특히 국어과의 경우 대다수 교사가 교과서를 중심으로 수업을 진행한다는 점에서 교과서를 연구하여 수업하는 것은 가장 중요한 실천 양상에 해당한다. 특히 최근 국어과 교과서는 목표 중심 교과서관에 따라 대단원을 구성하고 있는데, 그에 따라 국어과 교사에게 더 많은 전문성을 요구하게 되었다.

둘째, 교과서를 비교 분석하여 교과서를 평가할 수 있다. 국어 교과서가 검정제로 바뀐 이후 그 종류가 늘어남에 따라 교사는 '어떤 교과서가 학생들에게 더 나은 교과서일지 의사결정하고 판단'하여 가르칠 교과서를 선택해야만 한다. 또한 교사는 검정자로서 교과서를 평가할 기회도 늘어났는데 이때 역시 의사결정을 하고 판단을 해야만 한다. 단 한 종의 교과서만 있었던 시절에는 수행할 필요가 없었던 교사의 역할이 더 추가된 것이다.

셋째, 교육과정을 상세화하는 작업을 통해 교과서를 개발할 수도 있다. 국정 교과서 시절에는 극히 제한적이었던 교과서 개발의 경험을 가질 기회가 예전에 비해 크게 확대되어 있다.

세 가지 실천 양상 중 어느 하나 중요하지 않은 것은 없다. 다만 이 책에서 가장 중요하게 생각하는 것은 세 번째이다. 세 가지 실천 양상 중 가장 '기본이 되는 관점을 제공하는 것'은 '셋째'이다. '셋째'를 중심으로 교사의 전문성을 개발하면 첫 번째 능력과 두 번째 능력을 모두 획득할 수 있다. 사실 국어교육학 전체 이론을 제대로 파악하고 있어야만 세 번째 실천 능력을 갖출 수 있게 되기 때문이다. 그렇기에 이 책에서는 '교육과정 상세화' 과정을 중심으로 논의가 전개된다.

## 2. 국어과 교사가 획득해야 할 능력: 교과서를 중심으로

이 책은 교과서와 관련된 개념을 기본적으로 이해할 것을 전제로 한다. 그러나 이에 그치지 않고 국어과 교사들은 국어과 교육과정과 국어 교과서의 관계를 인식하며 교과서를 분석할 수 있는 핵심 기능을 획득하여야만 한다.

이 책은 이러한 핵심 기능을 획득할 수 있도록 기획한 것이다. 국어과 교사는 이러한 핵심 기능을 획득하기 위해 다음의 두 가지 작업을 분리하여 사고하고 단계별로 연습할 필요가 있다. 1단계는 교과서에 대한 교육적 가치 판단 없이 철저히 교육과정과의 관계에 의거한 교과서를 이해하는 과정이며, 2단계는 구체적인 수업 맥락에 준하여 교과서에 대해 교사가 교육적 가치 판단을 하는 과정이다.

1단계는 교과서를 이해하기 위한 작업으로 교육과정의 상세화에 대한 역추적이다. 교과서 집필자는 집필에 앞서 교육과정을 상세화한다. 따라서 편찬자의 의도에 따라 교과서를 제대로 이해하려면 이미 실현된 '교과서'라는 실체를 대상으로 어떤 교육과정 항목들이 상세화되었는지 그 근원과 절차를 역추적하는 것이 필요하다. 이 작업은 교과서를 이해하는 준거를 교육과정으로 설정하는 것을 요구하며, 교과서를 반드시 교육과정과 연계해 이해할 것을 요구한다. 교육과정의 상세화를 역추적하는 작업은 교과서 자체를 이해하는 것뿐만 아니라 교과서를 매개로 국어교육학 이론을 이해하는 것에도 기여한다. 국어교육학 이론의 쟁점과 정설화된 관점들이 국어과 교육과정에 모두 반영되는 것이 상례이기 때문이다.

2단계는 교과서로 수업을 실행하기 위한 교과서 재구성 작업이다. 교사는 1단계에서 교육과정의 상세화를 역추적함으로써 교과서를 비로소 이해하게 된다. 이를 바탕으로 교사는 실제의 수업을 위해 대면하게 될 수업 맥락을 다양하게 고려하여 교수·학습 과정안을 작성하면서 교과서를 재이해하고 수정·삭제·확대·첨가할 내용을 연구하는 단계로 나아간다.

이와 같은 두 단계를 분리하지 못하면 교사는 다음과 같은 오류를 범하게 된다. 첫째, 교사 양성 기관에서는 1단계 작업에 대한 고려 없이 2단계 교과서 재구성 작업만 수행하도록 하는 경우가 많다. 만약 교사가 1단계를 건너뛴 채 2단계 작업을 수행하게 되면 교육과정과는 갈수록 멀어지게 된다. 교과서가 목표 중심으로 편찬되는 최근의 추세로 볼 때 교육과정과 멀어진다는 것은 결국 교과서를 제대로 이해하고 분석하기 어렵게 된다는 것과 같은 의미이다. 둘째, 수업을 하기 위해 필요한 교과서 재구성 작업을 다양한 관점 및 방법으로 시도하지 못하게 된다. 즉, '지금까지 경험한 학습자 맥락'에만 기대어 교과서 재구성을 시도하게 된다.

그러므로 제2부에서는 교사 및 예비 교사에게 1단계 과정에 초점을 두고 교과서를 이해하는 작업이 얼마나 중요한지를 살펴보고자 한다. 특정 교과서가 어떤 학습자에게 적합할 것이라거나 어떤 교과서가 가장 잘 만들어진 교과서라는 등의 '가치 판단, 의사결정, 평가'는 하지 않는다. 당연히 특정 교과서를 교사가 어떻게 재구성해야 할지 그 방안을 제시하거나 특정 교과서의 특정 단원을 대상으로 수업 지도안을 어떻게 작성해야 하는지 등에 대해서도 본격적으로 기술하지 않는다.

엄밀히 말하면, 교사는 그 어떤 책에서도 그 어떤 전문가에게서도 '교과서를 잘 가르치기 위한' 구체적인 실천 방안을 알아낼 수 없다. 교과서 재구성이나 수업 지도안은 특정 수업 맥락을 전제로 하는 구체적인 실천 행위이기 때문이다. 그 차원은 철저히 교사 스스로가 가치 판단을 하고 온전히 혼자서 책임져야 하는 장면이다. 다만 책임을 제대로 지려면 그리고 제대로 가치 판단을 하려면 개론서에서 명제적 지식을 배우고 '명제적 지식을 체화하기 위해 이 책의 사례를 통해 교과서를 분석하고 교육과정 및 교과서 개발자의 관점을 이해'하려고 노력해야 한다.

## 3. 이 책의 개관

앞에서 말했듯이, 제2부는 네 가지 사례가 각각 하나의 장(章)을 구성한다. 이 사례들은 어떤 기준에서 선택되었을까. 각 장은 어떻게 구성되어 있으며 어떤 내용을 담고 있을까.

### 1) 어떤 사례를 선택했는가

첫째, 교육과정 상세화의 핵심인 학습 목표 재구성이 까다로운 교과서 단원을 선택했다. 교육과정과 교과서의 관계를 이해하기 위해 역으로 수행하는 교육과정 상세화의 핵심은 학습 목표의 의미를 명확히 인식하고 그러한 학습 목표의 구현을 목적으로 표상화된 교과서의 단원 구성을 이해하고 분석하는 것이다. 추상적이고 이론적인 명제로서 제시된 학습 목표의 '실제적 의미'는 제재와 활동이 선택되고 엮이고 배열되는 방식, 관련 지식이 구조화되고 표상되는 방식 등을 통해 이해될 수 있는 것이고, 이런 의미에서 학습 목표의 재구성은 교육과정 상세화에 기반한 교과서 분석 및 이해의 중핵을 이룬다.

학습 목표 재구성은 학습 목표 진술이 추상적일수록, 하나의 단원 안에 여러 유형의 학습 목표가 통합될수록, 단원 내 제재 및 활동 간의 관계가 관습적이지 않을수록 까다롭다. 따라서 이 책에서는 학습 목표의 재구성이 특히 까다로운 두 단원을 사례로 삼아 교육과정 상세화를 이론적 언어를 활용해 역추적함으로써 국어교육의 이론이 어떻게 교과서라는 실제에 구현·표상되고 있는지 드러내고자 한다.

첫 번째 단원은 하나의 대단원 안에 문법과 읽기 영역의 성취 기준이 학습 목표로 함께 제시되어 있고 표면적으로는 해당 학습 목표들이 각기 하나의 소단원을 점유하는 방식으로 제시된 까닭에 두 소단원 간의 연계성이 쉽사리 확인되지 않는다. 또한 핵심 제재와 학습 목표의 관계가 관습적이지 않아 자칫 제재 혹은 학습 목표가 소외될 가능성이 높은 단원이다. 이러한 단원을 대상으로 각 소단원의 제재와 활동, 이들 간의 관계를 분석해 학습 목표를 재구성하는 과정을 논리적·이론적으로 구체화하여 보임으로써 학습 목표 재구성의 과정과 절차, 그리고 그러한 과정에서 필요로 하는 이론적 지식을 확인할 수 있을 것이다.

두 번째 단원은 문학과 쓰기, 문법 영역의 성취 기준이 대단원 학습 목표로 함께 제시되어 있으며 지극히 추상적이고 모호한 성취 기준들이 다른 영역의 성취 기준과 엮여 한 단원의 학습 목표로 설정되는 과정에서 개별 성취 기준들의 의미가 구체적으로 확정되고 한데 수렴되는 양상을 보인다. 이러한 단원은 하나의 단원 안에서 특정 제재 및 활동이 서로 엮이는 과정에서 비로소 해당 성취 기준들의 실제적 의미가 출현되는 양상을 보이는 까닭에 특히나 학습 목표 재구성의 과정이 중요하며 까다롭다. 이러한 단원을 대상으로 교육과정 상세화를 역추적함으로써 추상적 수준의 성취 기준이 구체화되고 실체를 얻는 과정을 이론적으로 살펴볼 것이다.

이들 두 단원은 마지막 국정 교과서였던 제7차 교육과정 고등학교 국어 교과서에서 선정했다. 해당 시기 교과서의 경우 교육과정과의 연계성 파악이 특히 까다롭다. 이는 우선적으로 제7차 국어과 교육과정에서 국어활동의 인지적 절차 및 사고 과정과 관련한 추상적 내용들로 성취 기준을 선정했기 때문이다. 실제 국어생활 가운데 맞닥뜨리게 되는 다양한 국어활동을 성취 기준으로 제시한 2007 개정 교육과정과 비교하면, 제7차 교육과정 성취 기준 진술문의 추상성은 쉽게 확인된다. 교육과정의 성취 기준 진술문이 추상적이라는 것은 오히려 교과서 대단원을 창의적으로 설정할 수 있는 여지를 남긴다. 또한 단일 기관에 위탁되어 개발되는 국정 교과서의 경우 일단 위탁된 이후에는 개발진에게 교육과정 상세화 방향을 적극적으로 구현할 수 있는 자유가 허락된다는 점에서 국정 교과서에서 오히려 교육과정 상세화 작업이 자유롭게 이루어지는 경우도 발생할 수 있다. 제7차 고등학교 국정 교과서의 경우 '영역 통합적인 교과서 구성'을 상세화의 기본 방향으로 설정해 개발된 까닭에 성취 기준 간 통합이 두드러지고 제재와 활동 간의 창의적·역동적 관계 맺기 방식도 많이 확인된다. 아이러니하게도 검정제 도입 이후 각 출판사들이 내놓은 교육과정 상세화의 결과물이 천편일률적인 양상을 보인다는 비판 또한 국정 교과서의 단원을 택한 이유이다.

둘째, 국어교육학의 최신 쟁점이 반영된 교과서 단원을 선택했다. 국어교육학의 최신 쟁점은 교육과정의 개정과 함께 교과서의 형태로 구체화되어 나타난다. 이러한 쟁점은 제재와 활동이 엮인 단원의 형태로 구체화되는데, 구체화 과정에서 애초 쟁점이 지닌 입각점과 의의가 명확히 드러나지 않게 되는 경우가 많다. 사실 개정된 교육과정에 두드러지게 반영된 국어교육학의 최신 쟁점은, 애초 모든 이론이 그러하듯, 이론의 눈이 아니고서는 제대로 보이지 않는 경우가 대부분이다. 따라서 국어교육학의 최신 쟁점을 주시하고 이를 이론적으로 이해하고자 하는 노력이 뒷받침되지 않으면 이들 내용이 반영된 교과서 단원의 의미를 명확히 이해하기란 쉽지 않다.

그리하여 이 책에서는, 2007 개정 국어과 교육과정에서 두드러지게 반영된 국어교육학의 최신 쟁점인 '매체 언어 교육'과 '장르 중심 쓰기 교육'과 관련된 성취 기준을 구현한 중학교 교과서 단원을 선정하여, 교육과정 상세화 작업을 역추적해 보임으로써 국어교육학의 최신 쟁점을 주시하고 이에 대한 이론적 이해를 바탕으로 교과서의 단원을 이해하는 과정을 제시해 보이고자 한다. 이를 통해 교육과정 상세화의 산물이 교과서라는 점, 국어 교육과정은 국어교육학 이론의 반영이라는 점을 명시적으로 인지할 수 있을 것이며, 교과서 이해와 분석의 과정이 이론적 과정임을 다시금 확인할 수 있을 것이다.

셋째, 국어교육학의 단원 구성 방식이 '학교 현장에 경험적으로 알려지지 않은' 교과서 단원을 선택했다. 국어교육학은 학문적 성격상 도구 교과이자 방법 교과로서의 성격을 강하게 지닌다. 따라서 상당수의 교육 내용이 방법적이고 절차적인 원리로 채워져 있다. 교과의 이러한 학문적 성격은 교과서의 단원 구성 방식에 일정 부분 영향을 미친다. 즉, 방법적·절차적 원리의 학습이 이루어지도록 하는 교수·학습 절차가 교과서의 단원 체재로 구체화된다. 사실적·명제적 지식의 학습이 아닌 방법적·절차적 지식의 학습을 목표로 하는 교수·학습 과정은 국어 자료를 통한 원리의 확인과 그것의 연습과 적용을 중심으로 이루어진다. 따라서 교과서 단원 역시 이러한 방법적 원리의 학습 중심으로 구성되며, 이는 국이교육학의 독특한 단원 구성 방식, 즉 단원 체재로 구체화된다.

그러나 대개의 국어활동이 제재를 활용하여 이루어진다는 점에서 국어 수업의 상당 부분은 실제로 해당 제재와 관련한 사실적 지식을 파악하거나 제재의 내용을 파악하는 데 할애된다. 그리하여 교과서 단원의 일정 부분은 이와 같은 사실적 정보를 확인하는 데 할애되어 있으며, 방법적 원리의 학습을 목표로 한 단원 구성의 편제가 두드러지게 나타나지 못하는 결과를 낳기도 한다. 이러한 교과서 단원 체재로 인해 방법적 원리의 학습을 목표로 하는 국어교육학의 학문적 성격이 명확하게 부각되지 못하는 경우가 발생한다. 그 결과 국어교육학이 학문적으로 정립된 지 상당 시일이 흘렀음에도 여전히 학교 현장에서는 방법 교과이자 도구 교과로서의 속성이 명확히 인지되고 소통되지 못하고 있다.

이 책에서는 가장 극단적인 방식으로 국어 교과의 이러한 속성을 추구하고 반영한 교과서 단원을 선정해 해당 교과서 체재에 국어교육학의 단원 구성 방식이 어떻게 반영되고 구현되었는지 확인하는 과정을 제시해 보고자 한다. 즉, 2007 개정 교육과정 중학교 교과서 중 제재와 관련된 여타의 사실적 확인 과정을 배제하고 철저히 방법적 원리의 확인과 연습, 적용 과정을 중심으로 교과서 단원을 구성한 교과서, 그리하여 오히려 현장 교사들에게 경험적으로 낯설고 어려울 수 있는 교과서를 선택함으로써 단원 체재를 포함한 교과서의 체재를 읽어내는 것이 곧 국어교육학 이론을 읽어내고 확인하는 과정임을 보이고자 한다.

### 2) 교재론/교과서론으로서의 목표를 명확하게 드러내 보이는 체제와 기술

제2부 각 장은 다음과 같은 체제로 구성되어 있다.

1. 사례 안내

2. 김 선생님의 교과서 재구성

3. 교육과정 상세화 작업 역추적

4. 원리의 재확인

이 책은 우선 사례를 중심으로 하여 이론을 명징화하는 방식으로 기술되었다. '교사가 교육과정 상세화 작업을 역추적하지 못한 상태에서 교과서를 이해한 결과'를 가상의 사례로 구성하여 2절에서 제시한다. 그리고 이어지는 3절에서는 실현태인 교과서를 대상으로 하여 어떤 교육과정 상세화가 있었을지 역추적한다. 그 과정에서 교육과정 및 국어교육학 이론이라는 가능태를 이해하게 될 것이다. 4절에서는 특정 사례를 학습한 후 교사가 획득해야 할 능력을 명시적으로 기술하여, 교과서 이론을 원리로서 재확인하도록 할 것이다.

특히 2절에서 김 선생님이 교과서를 재구성한 사례를 제시한 것에 대해 3절에서 단순하게 '제대로 이해해야 함을 보여 주는 이론적 처방'을 내리는 것이 아님에 유의해야 한다. 다시 말해, '교과서는 오류가 하나도 없음'을 보여 주고자 하는 것도 아니며, 교과서 단원 구성의 의도를 일정 방향으로 단정하거나 교사가 그러한 방향을 읽어내지 못했음을 드러내고자 하는 것도 아니다. 애초에 교과서란 교육과정에 대한 철저한 분석을 거친 '교육과정 상세화의 산물'이다. 그러므로 이 책은 교과서 자체에 대한 '실제 수업 상황을 전제로 한 교육적 가치 판단'은 포함되어 있지 않다.

이 책은 철저히 교육과정을 어떻게 해석했는지의 논리를 '실현태인 교과서'를 출발점으로 하여 서술한다. 교과서는 교육과정이 내포하고 있는 '가능성 있는 실현태 중 하나'임을 이해하고 분석하는 과정이 바로 '교과서를 매개로 하는 이론적 이해' 과정이고, 이러한 관점은 국어과 예비 교사들이 반드시 익혀야 하는 것임을 강조한다. 즉, 사례를 분석하고 있는 듯이 보이나, 궁극적으로는 사례를 통하여 교재론/교과서 이론을 체화하고 연습하는 것이다. 그러므로 해당 사례와 유사한 방식으로 분석 가능한 다른 교과서 단원 사례를 대입하여 연습하는 것도 많은 도움이 될 것이다.

## 4. 이 책의 활용법

첫째, 이 책은 사범대학 및 교육대학원의 '국어교육론' 및 '국어 교재 연구 및 지도법', '국어 교육과정' 같은 강좌에서 교재 또는 부교재로 활용할 수 있다. 현재 '국어교육론' 강좌는 그 속성상 추상적인 명제의 학습이 중심을 이루고 있으며, 이를 보완하기 위한 구체적인 활동과 자료와 관련해서는 그 어떤 표준화된 지침과 방향성이 마련되어 있지 않다. 또한 '국어 교재 연구 및 지도법'이나 '국어 교육과정' 같은 강좌에서 적절히 활용할 만한 교재가 부재한 상황이며, 해당 강좌에서 이루어지는 교과서 분석 및 개발 활동은 일회적인 실습 혹은 연습의 형태로 전개돼 이를 통해 실제를 견인할 수 있는 이론적 역량의 신장을 기대하기 어려운 상황이다. 이 책은 교육과정 상세화의 산물인 교과서에 대한 이론적 탐구 과정을 제공함으로써 예비 교사들이 접하는 추상적 수준의 국어교육학 이론에 조금 더 가능성 있는 구체화된 맥락을 부여해 줄 수 있으며, 이 과정에서 이론은 단지 추상적 이론이 아니라 실제와 매개된 이론의 형태로 변모할 수 있다. 이 책은 예비 교사들에게 실제와 매개된 이론 학습의 가능성을 열어줌으로써 국어교육학 이론의 힘을 신뢰하고 이론적 안목과 역량을 체득할 수 있도록 이끌 수 있다.

둘째, 이 책은 재교육 및 자기 연수를 필요로 하는 현장 교사에게 이론적 안목을 제공하는 유용한 도구로 활용될 수 있다. 학부 시절이나 재교육 과정에서 접했던 국어교육학 이론은 현장 교사에게 교실 현장의 다양한 맥락이 소거된 추상적인 이론에 불과하며, 그간 축적해 온 실천적 지식은 이론적 언어로 명증화되지 못한 채 경험적인 지식의 형태로 부유(浮游)하고 있어, 이 둘 사이의 간극이 심한 형국이다. 이 책에서는 수업 준비 과정에서 상시적으로 이루어질 수밖에 없는 교과서 분석의 과정을 이론적 언어를 통해 설명하고 해석함으로써 교재 연구 및 수업 연구와 관련한 교사의 경험적이고 실천적 지식을 이론적 지식으로서 실체화하는 데 실질적인 도움을 줄 수 있다.

셋째, 더 나아가 이렇게 실체화된 이론은 국어교육 연구자에게 '국어교육학' 연구에서 이론을 어떻게 처리하고 생성하고 적용할 것인가에 대한 방향성을 제공할 수 있을 것이다. 국어교육학 이론이 맥락이 소거된 추상적인 이론으로 현실을 견인할 수 있는 동력을 얻지 못한 채 답보를 거듭하고 있는 현 상황에서 교과서라는 실제를 매개로 국어교육학 이론을 구체화하고자 한 이 책의 시도는 국어교육학 연구가 나아가야 할 방향을 시사한다. 국어교육학 이론이 좀 더 매개화되고 실체화된 이론의 형태로 구체화될 때 현장을 이해하고 개선하는 이론으로서 더 나은 실천력과 설명력을 확보할 수 있을 것이다.

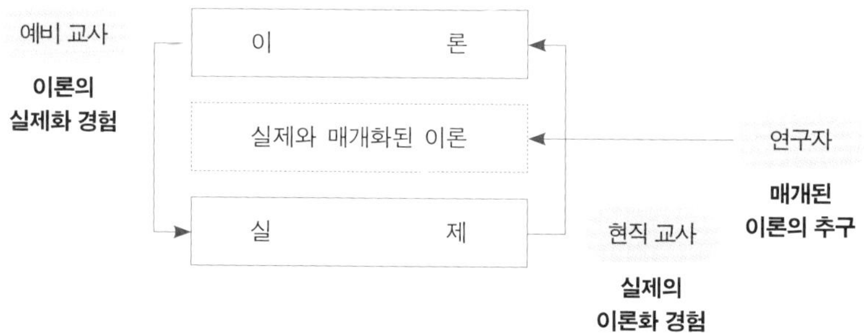

제2부

# 교육과정 상세화 작업의 역추적

I

# 국어교육의 핵심 속성을 제재로 읽어내기

## 1. 사례 안내

2007 개정 국어과 교육과정에 의거한 김대행 외(2009), 『중학교 국어 1-1』과 『생활국어 1-1』을 선택하여 그 가운데 제2 대단원의 제재 및 활동 내용을 차례로 살펴볼 것이다.

'국어' 교과서의 제2 대단원의 학습 목표는 다음 두 가지이다.

① 읽기의 개념과 특성, 원리, 방법을 안다.
② 교과 공부에 활용할 수 있는 학습을 위한 읽기의 방법을 익힌다.

또한 세 개로 구성된 각 소단원의 제재 및 활동 내용은 다음과 같다.

| 단원 체재 | | 활동 내용 |
| --- | --- | --- |
| 단원의 길잡이 | | • 대단원에서 공부할 내용이 무엇인지, 왜 공부하는지, 어떻게 공부할 것인지 안내<br>• 생활국어 교과서와의 연관성 |
| 소단원 (1)<br>삶과 읽기 | 지식 마당 | • 읽기의 개념과 특성 |
| | 어휘력 기르기 | • 독서 삼매경 뜻 알기 |
| | 읽기의 초점 | • 이 글은 읽기의 의의와 개념, 특성에 대하여 설명하고 있습니다. 예시 자료를 많이 활용하여 내용에 대한 이해를 돕고 있습니다.<br>① 예시 자료를 통해 설명하는 내용을 정리하면서 읽습니다.<br>② 읽기가 우리 삶에서 어떤 역할을 하는지 파악하며 읽습니다. |
| | 읽기 중 활동 | • 미리 탐구해 보기: 다음은 각각 어떤 목적의 읽기인지 자신의 경험을 중심으로 생각해 봅시다.<br>• 질문: 나에게 큰 즐거움을 준 책에 대해 생각해 봅시다. 그 책에서 어떤 즐거움을 얻나요?<br>• 미리 탐구해 보기: 1단원에서 배운 '청산도 절로 절로~'라는 작품을 떠올리며 다음 물음에 답해 봅시다. |
| | 단어 풀이 및 참고 사항 | |
| | 이해 마당 | • 자신의 읽기 생활표를 만들어 봅시다.<br>• 다음은 '읽다'가 사용된 문장들입니다. '의미 만들기'로서의 읽기와 거리가 먼 것을 고르고, 그 이유를 말해 봅시다.<br>• 이 글에 제시된 '새봄'의 글쓴이와 가상 대화를 나누어 봅시다. |
| | 적용 마당<br>* 도움말 및 자기 점검<br>* 선택 활동 | • 다음은 독서를 여행에 비유한 글입니다. 읽기의 개념과 특성을 생각하며 활동을 해 봅시다.<br>– 글쓴이가 말한 독서와 여행의 공통점과 차이점을 정리해 봅시다.<br>– 이 글을 바탕으로 독서가 여행보다 유익한 점을 정리해 봅시다.<br>– 〈보기〉를 참고하여 자신이 좋아하는 책을 여행기 형식으로 친구들에게 소개해 봅시다. |
| 소단원 (2)<br>읽기의 방법 | 지식 마당 | • 능동적인 읽기<br>– 능동적인 읽기란<br>– 능동적으로 읽는 방법 |
| | 어휘력 기르기 | |
| | 읽기의 초점 | • 이 글은 읽기의 원리와 방법에 대하여 설명하는 글입니다. 일반적인 설명문과는 달리 두 인물이 묻고 답하는 형식으로 되어 있습니다.<br>① '궁금이'가 궁금해 하는 내용을 파악하며 읽습니다.<br>② '척척박사'의 대답을 정리하며 읽습니다. |

| 단원 체재 | 활동 내용 | |
|---|---|---|
| 소단원 (2)<br>읽기의 방법 | 읽기 중 활동 | • 미리 탐구해 보기: 다음 '궁금이'의 경험을 통해, 글을 어떻게 읽는 것이 좋을지 생각해 봅시다.<br>• 읽기의 원리: 능동적으로 이해하기, 글 중심으로 이해하기<br>• 읽기의 방법: 절차에 따른 읽기, 글의 맥락 파악하기, 글의 특성에 따른 읽기, 목적에 따른 읽기 |
| | 단어 풀이 및<br>참고 사항 | |
| | 이해 마당 | • 이 글에서 '궁금이'는 질문을 하였습니다. 그에 대한 답을 정리해 봅시다.<br>• 다음은 수업 시간의 한 장면입니다. 선생님의 질문과 그에 대한 학생들의 답을 보고, 글을 자기 마음대로 읽은 사람과 자신의 경험을 활용하지 않고 읽은 사람은 누구인지 말해 봅시다. 그리고 그렇게 생각한 이유도 말해 봅시다.<br>• 글을 읽어 나가는 각 단계에서 어떤 활동들을 하면 좋을지 정리해 봅시다. |
| | 적용 마당<br>* 도움말 및 자기 점검<br>* 선택 활동 | • (가)는 소설, (나)는 백과사전의 일부입니다. 두 글을 비교하며 읽고, 활동을 해 봅시다.<br>- 다음 두 가지 읽기 방법 중에서 (가)와 (나)는 각각 어느 쪽에 가깝게 읽는 것이 좋을지 자신이 생각하는 위치를 선택하고 그렇게 생각한 이유를 말해 봅시다.<br>- 글에 제시된 내용과 그 순서를 정확하게 기억해야 하는 경우와 그러지 않아도 되는 경우가 있습니다. (가)와 (나)의 밑줄 친 부분은 각각 어느 경우에 해당하는지 파악하고 그 이유를 말해 봅시다.<br>- 다음 두 사람은 각각 글을 어떻게 읽는 것이 좋을지 말해 봅시다.<br>- (가)와 (나)를 활용하여 '무지개'에 대한 자신만의 사전을 만들어 봅시다. |
| 소단원(3)<br>학습을 위한 읽기 | 지식 마당 | • 학습을 위한 읽기: 학습을 위한 읽기란, 학습을 위한 읽기의 방법 |
| | 어휘력 기르기 | |
| | 읽기의 초점 | • 이 단원은 학습을 위한 읽기의 절차와 방법을 익히도록 구성되어 있습니다.<br>① 지시에 따라 글을 읽으면서 학습을 위한 읽기의 절차와 방법을 익힙니다.<br>② 제시된 자료를 읽고, 새롭게 알게 된 내용을 정리합니다. |

| 단원 체재 | 활동 내용 | |
| --- | --- | --- |
| 소단원(3)<br>학습을 위한<br>읽기 | 읽기 중 활동 | • 읽기 전 활동: 글을 읽고 새로운 내용을 잘 파악하기 위해서는 본격적으로 글을 읽기 전에 먼저 글 전체를 훑어보고 내용을 짐작해 보거나, 배경 지식을 떠올려 보거나, 알고 싶은 내용을 미리 생각해 보는 것이 좋습니다.<br>① 제목을 보고 어떤 내용일 것으로 생각하는지 짐작해 봅시다.<br>② 글의 제목을 중심으로 자신이 알고 있는 바를 정리해 봅시다.<br>③ 글 전체를 훑어보고, 궁금한 점이 있으면 적어 봅시다.<br>• 읽는 중 활동: 모르는 내용에 대해 공부할 목적으로 글을 읽을 때에는, 글을 읽으면서 스스로 질문을 만들고, 그에 대한 답을 찾아보거나, 이해한 내용을 자신의 말로 표현해 보는 것이 도움이 됩니다. 또 중요한 내용을 메모하거나, 글의 내용에 대해 판단을 내리거나, 참고 자료를 찾아 보면서 읽는 것도 도움이 됩니다.<br>① 질문하기<br>② 묻고 답하기<br>③ 판단하기<br>④ 새로 안 내용 정리하기<br>⑤ 의미 찾기<br>⑥ 자기 생각 갖기 |
| | 단어 풀이 및<br>참고 사항 | |
| | 이해 마당 | • 읽은 후 활동: 학습을 위한 읽기에서는 글을 다 읽고 난 후 전체 내용을 정리한 다음, 새로 알게 된 내용과 더 알고 싶은 내용을 정리해 보는 것이 도움이 됩니다.<br>① '레오'가 소뼈와 파를 가지고 이웃 농장의 '빌리'에게 달려가 한 일을 중심으로 다음과 같이 생각을 정리해 봅시다.<br>② 철학자와 '레오'가 학교에 대해 주고받은 80쪽의 말을 중심으로 다음과 같이 생각을 정리해 봅시다.<br>③ 이 글의 제목에 쓰인 '문화'와 '자연'의 뜻을 중심으로 다음 활동을 해 봅시다.<br>④ 80쪽에 있는 레오의 말을 뒤집어 생각하면, 사람이 개와 같은 동물과 어떤 점에서 다른지 알 수 있습니다. 다음 빈칸을 채우는 내용으로 자신의 생각을 발표하고, 다른 사람의 생각을 들어 참고합시다. |

| 단원 체재 | 활동 내용 | |
|---|---|---|
| 소단원(3)<br>학습을 위한<br>읽기 | 적용 마당<br>• 도움말 및 자기 점검<br>• 선택 활동 | • 학습을 위한 읽기의 방법을 생각하며 활동을 해 봅시다.<br>– 읽기 전: 두발 규제와 관련된 경험을 떠올려 봅시다. 그리고 두발 규제에 대해 어떻게 생각하는지 근거를 들어 말해 봅시다.<br>– 읽는 중: 다음은 두발 규제에 대한 어느 학생의 생각이 담겨 있는 글입니다. 글쓴이의 주장과 그 근거가 옳은지 판단하며 읽어 봅시다.<br>① 주장 파악하기<br>② 판단하기 1<br>③ 판단하기 2<br>④ 판단하기 3<br>– 읽은 후: 이 글에서 글쓴이가 근거로 제시한 내용을 정리한 다음, 각각의 근거에 대해 동의하는 정도를 표시해 봅시다.<br>– 읽은 후: 이 글을 읽고 난 뒤 자신에게 어떤 변화가 생겼는지 발표해 봅시다.<br>– 선택: 다음 글을 읽고, 과제 중 하나를 선택하여 활동을 해 봅시다. [‘생활국어’ 연관] |
| 단원의 마무리 | • 종합: 읽기와 관련된 격언이나 명언들입니다. 이 말들이 뜻하는 바와 관련이 깊은 것을 〈보기〉에서 골라 봅시다.<br>• 평가: ‘앞으로 나는 글을 이렇게 읽겠습니다.’라는 주제로 발표를 하려고 합니다. 발표 내용을 간단하게 메모해 봅시다. | |

‘생활국어’ 교과서의 제2 대단원은 세 개의 소단원으로 이루어져 있으며 학습 목표는 두 가지이다.

① 수업을 듣고 중요한 내용을 메모한다.
② 읽기와 듣기를 통해 새로운 내용을 학습한다.

또한 각 소단원의 제재 및 활동 내용은 다음과 같다.

<table>
<tr><th>단원 체재</th><th colspan="2">활동 내용</th></tr>
<tr><td>대단원 표지</td><td colspan="2">대단원명/소단원명</td></tr>
<tr><td>단원의 길잡이</td><td colspan="2">학습 목표 안내/소단원별 교육 내용 요소 안내</td></tr>
<tr><td rowspan="2">소단원 (1)<br>수업과<br>언어생활</td><td>수업의 특성<br>이해하기</td><td>• 활동: 제시된 ㉮'대화', ㉯'연설', ㉰'수업' 담화를 비교하여 읽고 ㉰에서 '선생님의 설명'은 어떤 특성을 지니고 있는지 알기</td></tr>
<tr><td>수업 듣기의 요령<br>알기</td><td>• 활동: 수업 내용을 잘 이해하고 기억하기 위한 방법에 대해 서로 의견을 나누고 정리하기</td></tr>
<tr><td rowspan="2">소단원 (2)<br>수업의 표지와<br>메모</td><td>수업의 표지 알기</td><td>• 활동: 수업 시간에는 어떤 표지들이 사용되는지 알아보기</td></tr>
<tr><td>표지를 활용하여<br>메모하는 방법<br>알기</td><td>• 활동 1: 수업 내용을 메모하는 방법에 대해 알아봅시다.<br>• 활동 2: 다음 글을 참고하며 들려주는 설명을 듣고 활동을 해 봅시다.</td></tr>
<tr><td rowspan="2">소단원 (3)<br>과목별<br>메모하기</td><td>과학 수업 듣기</td><td>• 활동 1: 과학 수업을 잘 듣는 방법을 알아봅시다.<br>① 다음은 과학 공부를 하는 일반적인 과정을 나타낸 그림입니다. 이를 바탕으로 과학 수업을 들을 때에 유의할 점에 대해 이야기해 봅시다.<br>② 과학 수업을 들을 때 유의해야 할 점과 각각의 경우에 어떤 수업 표지가 사용될지 생각해 보고, 다음 빈칸을 채워 봅시다.<br>• 활동 2: 교과서를 보면서 과학 수업을 듣고, 다음 활동을 해 봅시다.<br>① 과학 수업의 일부를 들려 드립니다. 과학 교과서의 내용을 보면서 선생님의 설명을 잘 듣고, 중요한 내용을 여백에 메모해 봅시다. ('국어' 연관)<br>② 앞에서 들은 수업 내용을 정리하여 메모해 봅시다. 그리고 각각의 내용을 설명하는 과정에서 사용된 표지도 적어 봅시다.<br>③ 친구들이 정리한 내용을 살펴보고, 잘된 점과 부족한 점을 찾아봅시다.</td></tr>
<tr><td>사회 수업 듣기</td><td>• 활동 1: 사회 수업을 잘 듣는 방법을 알아봅시다.<br>• 활동 2: 교과서를 보면서 사회 수업을 듣고, 다음 활동을 해 봅시다.<br>① 사회 수업의 일부를 들려 드립니다. 사회 교과서의 내용을 보면서 선생님의 설명을 잘 듣고, 중요한 내용을 여백에 메모해 봅시다. ('국어' 연관)<br>② 앞에서 들은 수업 내용을 정리하는 메모를 해 봅시다. 그리고 각각의 내용을 설명하는 과정에서 사용된 표지도 적어 봅시다.<br>③ 친구들이 정리한 메모를 살펴보고, 내가 배울 점을 찾아봅시다.<br>④ 다음 과제 중 하나를 선택하여 활동을 해 봅시다. (선택)</td></tr>
<tr><td>단원의 마무리</td><td colspan="2">• 종합: 이 단원에서 배운 내용들을 떠올리며 다음 활동을 해 봅시다.<br>• 논술(표지 활용하기): 표지를 적절하게 활용하면 자신의 생각을 논리적으로 풀어 나가는 데 도움이 됩니다. 또한 글을 읽는 사람들도 글의 내용과 중심 생각을 보다 쉽게 이해할 수 있습니다. 이를 생각하며, 활동을 해 봅시다.</td></tr>
</table>

## 2. 김 선생님의 교과서 재구성[1]

국어 교과서가 검정제로 바뀜에 따라 교과서의 종류도 많이 늘어났다. 이 교과서는 오랜 기간 중학교에 재직한 김 선생님에게 생소하고 어렵게 느껴진다. 특히 제2 대단원의 수업 준비를 하면서 김 선생님은 다음과 같은 고민에 빠졌다.

### 1) 교과서 체재는 수업 준비와 관련이 없지 않을까[2]

김 선생님은 국정 교과서와는 많이 달라진 체재가 너무 복잡하게 느껴졌다. 무엇보다 국어 및 생활국어 교과서의 대단원 구성 원리가 크게 달라진 점이 눈에 띄었다. 제7차 국정 교과서의 경우 국어 및 생활국어 교과서는 대단원 사이에 학습 목표를 공유하지 않았고 국어는 읽기 및 문학 영역 중심, 생활국어는 듣기, 말하기, 쓰기 영역 중심으로 구성되었기 때문에 두 교과서를 서로 관련성을 가지고 접근할 생각조차 없었다. 그러나 이 교과서를 보니 두 책의 대단원 구성 원리가 비슷해진 것 같았다. 그뿐만 아니라 각 체재별로 주어진 활동의 성격도 제7차 교과서와 다른 것 같았다. 그리하여 제7차 교과서 때와 다르게 준비해야 하나 싶었지만, 차이를 명확하게 식별하기는 힘들었다.

이렇게 체재에 대한 이해가 명확하게 숙지되지 못한 상태에서 제1 대단

**사례에서 이론으로**

1 '교육과정 상세화 작업을 이해하는 과정'이 삭제된 경우를 가상으로 구성해 본 것이다.

2 김 선생님의 문제점을 쉽게 풀면 다음과 같다. "개발자 입장에서의 교육과정 상세화 작업을 명확히 이해하지 못하고 수업을 하면 목표 중심 교과서관을 제대로 이해할 수 없다. 즉, 교육과정과의 관계, 대단원 간의 관계, 소단원 간의 관계, 활동 간의 관계를 그다지 고려하지 않고 교과서를 이해하게 된다."

원의 수업을 준비하다 보니 제재 내용을 이해하도록 하는 데 초점을 맞출 수 밖에 없었고 활동이 충분히 의미 있게 다루어지는 느낌이 들지 않았다. 그렇게 제1 대단원 수업을 마치고 난 지금, 제2 대단원도 그렇게 수업해도 될지 걱정이다.

### 2) '읽는 방법'은 어떤 방식으로 수업을 해야 하는가

제2 대단원에는 '읽기의 개념, 방법'이라는 요소가 핵심 내용으로 등장한다. 가장 국어과다운 내용 요소이자 본질이라고 하는데, 김 선생님은 이런 내용으로 수업하기가 힘들다. 사실 국어과 수업의 백미는 '읽기'이며 읽기 수업에서는 기본적으로 제재의 내용을 가르치지 않고 제재를 읽는 방법을 가르쳐야 국어과 본질에 부합한다는 것을 알고는 있다. 그렇지만 읽는 방법을 가르치는 것이 김 선생님에게는 어렵고 어색하여 늘 제재 내용을 이해시키는 강의식 수업을 계획하곤 했다. 그런데 다행히도 제2 대단원의 제재는 제재 내용을 학습하도록 해도 될 것 같다. 제재 내용이 학습 목표와 직접적으로 연관되는 내용이기 때문이다.

### 3) 대단원 학습 목표 중 '학습을 위한 읽기'가 과연 국어과에 부합하는 내용인가

제7차 중학교 교과서부터 이와 같은 내용 요소를 담은 단원들이 등장했는데 고민이다. 왜 과학 교과서나 사회 교과서의 본문이 국어 교과서의 제재로 등장하는지 이해가 되지 않는다. 국어과 읽기 개념에 부합하지 않는 적절하지 않은 단원이라는 생각이 든다. 그런 생각을 동료 선생님들과 나누었더니 그들의 생각도 다르지 않았었기에 협의를 거쳐 시험 범위에서 늘 제외했다. 평가 문항을 제작하기도 어렵기 때문에 더더욱 그럴 수밖에 없었다. 이번 교과서의 내용 역시 가르치기는 해야겠지만, 꼭 가르쳐야 한다면 중간고사 이후 학생들의 수업 집중도가 떨어질 때에나 간단하게 할까, 그런 생각이 든다.

■ 김 선생님의 교과서 재구성 방식 도식

1) 체재 재구성: 교과서 체재가 복잡해짐을 느꼈으나 수업 준비에 큰 영향을 주는 것 같지는 않음. → 국어 교과서 연구에 체재가 주는 영향은 없다고 보고 무시하기로 함.

2) 교수·학습 방법 재구성: '기능' 범주의 대표 교육 내용인 '읽는 방법'에 대하여, 교수·학습 방법을 결정하기가 어려움. → 교과서의 '활동'보다는 '제재 내용'에 집중하기로 함.

3) 내용 재구성: 학습 목표 및 내용에 타 교과 교과서의 본문이 제재로 등장하는 것에 대하여, 국어교육적 의미를 판단하기 어려움. → 본격적으로 가르치지 않기로 함.

## 3. 교육과정 상세화 작업 역추적

국어과 교과서가 목표 중심의 단원 구성을 취하게 되면서부터 교과서는 교육과정과 더욱 긴밀한 관계를 지니게 되었다. 또한 교육과정이 수시로 개정되고 개정될 때마다 국어교육학계의 역동적인 이론 변화가 그대로 교육과정에 반영되었다. 만약 교육과정에 영향을 준 학계의 변화에 둔감했다면 이 대단원을 보고 김 선생님과 같은 고민에 빠질 수밖에 없다.

김 선생님의 고민들은 차원이 조금씩 다르다. 1)은 목표 중심 교과서관을 제대로 숙지하지 못한 데에서 오는 고민이고, 2)는 국어과의 '내용 체계'

중에서 '기능'[3]에 해당하는 내용을 가르치는 교수법에 대한 고민에 해당하며,[4] 3)은 새로 도입된 국어과 내용 요소에 대한 이해가 부족함에 따라 더 나아가 국어과적 정체성 혼란까지 가져오는 고민이라 할 수 있다. 지금부터 이 고민들을 차례대로 해결해 보자.

### 1) 체재 설정의 논리 역추적

김 선생님은 한마디로 교과서에서 교육과정과의 연계성을 읽어내지 못하여 교과서 집필자의 의도를 본질적으로 이해하기 어려운 상태라 할 수 있다. 왜 이러한 상황이 생겼을까. 국어과 교육과정에서는 '국어 능력'이라는 커다란 능력을 각 영역별로 나누고, 각 영역별 '능력'을 내용 성취 기준으로 나누어 명시하고 있다. 그런데 국어과의 경우 차시마다 교육과정 변화의 폭이 매우 큰 편이며 교육과정을 해석하는 관점이 집필자마다 다양하게 나타난다. 이러한 특성이 교육과정과 교과서를 연계하여 보기 어렵게 만들기도 한다.

수학과와 비교해 보자. 수학과의 교육과정에서는 국어과처럼 내용 요소가 새로 도입되거나 제시 순서가 혁신적으로 바뀌는 경우가 거의 없다. 즉 수학과의 경우 교육과정 성취 기준을 제시하는 원리가 지식 구조에서 도출되었기에

**사례에서 이론으로**

3 국어과적 본질을 가장 전형적으로 보여주는 교육 내용에 해당한다.

4 지금까지 국어교육 교재관에 의하면 독본이 주교재이며 연습책은 아예 없거나 있더라도 보조 교재 이상의 역할을 하지 못했다(이성영, 1992). 왜냐하면 기능은 그 특성상 연습을 통한 체화 과정으로 완습될 수 있다는 점을 고려한다면 연습책 유형의 교재가 보다 직접적으로 교육의 내용을 표상하고 있다고 볼 수 있기 때문이다. 즉, 독본형의 교재는 국어사용 능력을 간접적으로 추출하기 때문에 국어사용 능력을 신장시킨다는 교육 목표를 제대로 달성하려면 학습자나 교사 모두에게 많은 부담을 준다. 그런데 이 교과서의 제2 대단원은 '읽기 능력'이라는 '기능'을 학습 목표로 설정하면서 '연습형'을 본질로 하고 '독본형'과 균형을 잡는 교과서의 모습을 발전적으로 보여 주는 대표적 사례이다.

교육과정이 크게 바뀌지 않으며, 따라서 교육과정에서 제시된 내용과 원리를 교과서 집필자들이 상세화 과정에서 재해석하여 다양하게 바꿀 여지가 훨씬 적다. 그러나 국어과는 사정이 다르다. 수학과의 지식 구조에 대응할 만큼 변하지 않는 교육과정 조직자가 존재하지 않는다. 그렇기 때문에 교육과정 개정 때마다 성취 기준의 내용이 바뀌고 제시 순서가 바뀌는 경우가 많다. 그러므로 국어과 교과서 집필자는 수학과에 비해 본질적으로 훨씬 자유롭게 교육과정을 재해석하고 관점을 반영하여 교육과정 상세화를 시도하게 된다.

교육과정의 상세화가 다양해지는 또 다른 원인은 국어과에서 목표와 내용의 관계가 명확하지 않다는 점이다(최미숙 외, 2012: 제9장). 특정 내용 요소를 배운다고 해서 과연 목표가 달성될지 분명하지 않기 때문에 가르치는 사람들은 교육 내용이 과연 목표 달성에 제대로 기여하는지를 항상 관찰해야 한다. 그렇기에 교과서 집필자는 교육과정에 제시되어 있는 내용 요소라 하더라도 다시 한 번 자신의 관점을 투영하고 재해석하여 목표와 내용의 관계를 재설정하여 교육과정 상세화를 시도할 수 있다. 더 나아가 목표 중심 교과서관에 따라 국어과 교과서가 바뀌게 되면서 교과서 편찬자의 교육과정 상세화 논리를 그대로 교과서 체재에 반영하려는 노력이 자연스레 생기게 되었다. 이것은 교과서에서 목표와 내용의 관계를 명확히 보여 주려는 노력의 하나이다. 교과서관이 목표 중심으로 바뀐 결과, 국어과 교과서는 체재만 제대로 읽어내면 국어 교과의 핵심적 · 본질적 속성까지 이해할 수 있는 좋은 자료가 되었다.

그렇다면 목표 중심 교과서관에 대한 근본적인 이해가 부재한 상태라면 과연 국어 교과서를 어떻게 보게 될까? 아마 교과서를 제재 중심으로만 보게 될 것이다. 각 체재의 목표 표상성을 인식하지 못한 채, 교과서 집필진의 의도가 담겨 있는 체재들을 그저 의미 없는 편집 장치로만 보게 될 가능성이 크다.

교과서 체제는 외적 체제와 내적 체제로 나누어진다.▸5 외적 체제는 교과서 편집 등의 외형적 틀을 가리키며, 내적 체제는 어떤 학습 내용을 선정하고 어떻게 조직하는가에 대한 것, 즉 교과서 각 단원이 어떻게 구성되어 있는가를 가리킨다. 국어 교과서의 주요 체재는 교과서 전체 대단원을 구성하는 원리, 대단원 내 체재, 소단원 체재, 활동 체재 등으로 구성되어 있다.

지금부터는 '책 전체 대단원을 구성하는 원리'를 집중적으로 살펴보고, 부가적으로 '국어-생활국어' 분책 문제와 '활동 체재'를 간단하게 살펴볼 것이다. 대단원 내 체재, 소단원 체재, 구체적 활동 체재 등은 뒤에서 좀 더 구체적으로 살펴볼 것이다.

### (1) 책 전체의 대단원 구성 원리

다른 교과들의 경우 대단원을 나누는 기준은 주로 '내용 요소'이므로 교과서 편찬자가 대단원 구성 원리를 고민할 필요가 없고 교과서별로 대단원 구성 원리가 크게 다르지 않다. 그러나 본질적으로 국어 교과서의 체재는 다른 교과의 교과서에 비교할 때 훨씬 중요하게 간주되어야 한다. 그 이유는 무엇보다도 국어과 교과서 단원 구성 원리는 문종 중심, 주제 중심, 목표 중심 등으

**사례에서 이론으로**

5 교과서 관련 이론서, 논문, 보고서 등에는 '체재', '체제' 두 용어가 모두 등장한다. 두 개념을 명확하게 구분해기 위해 먼저 국어사전에서 이 둘의 용법을 비교해 보자.

- 체재(體裁)=생기거나 이루어진 틀. 또는 그런 됨됨이. '형식'으로 순화. ≒체제(體制)
- 체제(體制)=사회를 하나의 유기체로 볼 때에 그 조직이나 양식, 또는 그 상태를 이르는 말.

두 단어의 개념은 거의 비슷하지만 명확히 구분하자면 '체재'는 '형식적인 것', '체제'는 '내적인 것'에 해당한다. 이렇게 보면 '체제'가 '외적 체제와 내적 체제'로 하위 분류된다는 설명은 혼동된 서술이다.

이 책에서는 외적 체제를 '체재'로, 내적 체제를 '체제'로 일컫는다. 목표 중심 교과서관이 득세함에 따라 교과서 편찬자들은 더욱더 외적인 편집 체재를 내적인 체제와 일치시키려는 노력을 기울이고 있으며 그 실현태인 교과서의 모든 '체재'는 '읽어내어야 하는 대상'이 되었다. 즉, '체재'를 통해 '체제'를 읽어내는 것이 교과서 독자의 몫이 되었다. 이 책에서는 '역추적해야 할 대상으로서의 실현태'인 '체재'에 주목하고 그 편찬 의도를 읽어내고자 할 것이다. 그러므로 이 책에서는 '체재'라는 용어가 많이 등장한다.

로 다양하기 때문이다(최미숙 외, 2012: 제3장). 최근 국어 교과서의 단원 구성 방식은 대개 '목표 중심'을 취하고 있다. 최근 교과서가 대부분 목표 중심으로 대단원이 구성되고 있다는 점은 국어 교과서의 단원 구성 결과를 더욱 다양하게 만든다. 문종 중심이나 주제 중심으로 하면 편찬자에 따라 대단원 구성 결과가 크게 달라지지 않을 것이나, 목표 중심으로 하면 편찬자에 따라 단원 구성 원리가 크게 달라진다.

목표 중심으로 단원을 구성할 경우 교과서 편찬자는 국어과 교육과정의 영역별로 기술되어 있는 성취 기준들을 적절히 통합하여 대단원을 구성하게 된다. 이러한 교육과정 상세화 작업에서 편찬자의 해석이 개입할 수밖에 없다. 교육과정 문서만으로는 특정 영역의 특정 성취 기준별로 대단원을 구성해야 한다든지 특정 순서대로 성취 기준을 배열해야 한다든지 등의 당위적인 논리를 찾기 어려우며, 교육과정이 개정될 때마다 성취 기준을 실현하기 위한 내용 요소의 배열 또한 달라지기 때문이다.

만약 중학교 1학년 국어 교과서가 한 권이고 그 교과서에 8개 대단원이 있다고 가정해 보자. 또한 중학교 1학년이 목표로 하는 국어 능력을 100으로 가정해 보자. 편찬자는 교육과정에 제시된 성취 기준과 내용 요소를 꼼꼼히 살펴서 대단원 하나가 100/8 정도의 하위 국어 능력을 목표로 하도록 나누어야 하고 하나의 대단원 안에 각 부문별로 담당해야 하는 하위 국어 능력의 양과 성격을 적절하게 나누어야 한다. 그러므로 대단원뿐만 아니라 외적 체제와 활동을 몇 단계로 그리고 몇 개로 설정할 것인가는 교과서 편찬자가 교육과정 성취 기준을 어떻게 상세화하는가에 달려 있다. 즉, 대단원의 학습 목표를 정하는 것▸6은 대단원 수준의 교육과정 상세화이다.

사례에서 이론으로

6 이 교과서의 경우, 국어와 생활국어로 나누어 학습 목표를 설정하는 과정도 포함된다.

국어 교과서의 대단원을 나누는 방식은 편찬자의 판단에 따라 많은 변화가 있을 수밖에 없다(이삼형, 1994: 46). 단일한 대단원 구성 원리가 없다는 국어과 교육과정적 본질은 대단원 구분 방식이 편찬자별로 다양할 수밖에 없도록 만들며 외적 체제가 내적 체제에 영향을 주기 때문에 신중히 결정하도록 한다. 전술했듯이 국어 교과서관이 목표 중심으로 바뀜에 따라 교과서 편찬자는 외적 체재를 내적 체제를 보여 주는 장치로 활용한다.

이 교과서의 대단원은 다음과 같이 구성되어 있다.

| 〈국어〉 | 〈생활국어〉 |
|---|---|
| 1. 말의 묘미<br>01 연분홍/ 김억<br>02 자장노래<br>03 청산은 절로 절로~<br>삭풍은 나무 끝에 불고~/ 김종서<br>→ '생활국어'에서는 '재미있는 말'을 공부합니다. | 1. 말의 묘미<br>01 재미있는 말과 언어생활<br>02 재미있는 말의 발상 파악하기<br>03 재미있는 말에 적절히 반응하기<br>→ '국어'에서는 '노랫말 읽고 쓰기'를 공부합니다. |
| 2. 배우는 즐거움<br>01 삶과 읽기<br>02 읽기의 방법<br>03 학습을 위한 읽기<br>→ '생활국어'에서는 '수업 듣기'를 공부합니다. | 2. 배우는 즐거움<br>01 수업과 언어생활<br>02 수업의 표지와 메모<br>03 과목별 메모하기<br>→ '국어'에서는 '읽기의 본질과 방법'을 공부합니다. |
| 3. 생활 속의 깨달음<br>01 괜찮아/ 상영희<br>02 이옥설/ 이규보<br>03 탈출/ 장준하<br>→ '생활국어'에서는 '수필 쓰기'를 공부합니다. | 3. 생활 속의 깨달음<br>01 수필과 언어생활<br>02 내용 마련하기<br>03 수필 쓰기<br>→ '국어'에서는 '읽기를 통한 성찰'을 공부합니다. |
| 4. 우리말 들여다보기<br>01 단어, 헤쳐 모여!<br>02 이름 안에 열쇠 있다!<br>→ '생활국어'에서는 '지시어'와 '사동·피동 표현'을 공부합니다. | 4. 우리말 들여다보기<br>01 지시어의 힘<br>02 사동 표현과 표현 의도<br>03 피동 표현과 표현 의도<br>→ '국어'에서는 '품사'를 공부합니다. |

| 〈국어〉 | 〈생활국어〉 |
|---|---|
| 5. 그려 내고 알리고<br>01 홍길동전/ 허균<br>02 몽실 언니/ 권정생<br>→ '생활국어'에서는 '설명문 쓰기'와 '보고서 쓰기'를 공부합니다. | 5. 그려 내고 알리고<br>01 알리기와 언어생활<br>02 설명문 쓰기<br>03 보고서 쓰기<br>→ '국어'에서는 '문학 작품과 시대 상황'을 공부합니다. |
| 6. 비판적으로 생각하기<br>01 빌리 엘리어트/ 스티븐 달드리 감독<br>02 우리들의 일그러진 영웅/ 박종원 감독<br>→ '생활국어'에서는 공부합니다. | 6. 비판적으로 생각하기<br>01 인터넷 게시판과 언어생활<br>02 인터넷 게시판 따져 읽기<br>03 인터넷 게시판에서 토론하기<br>→ '국어'에서는 '영화 속 인물'을 공부합니다. |

이 교과서는 두 가지 교육과정 성취 기준을 국어 및 생활국어 교과서에서 각각 6개의 대단원 학습 목표로 상세화하고 각 대단원을 소단원 2~4개로 나뉘어 소단원 학습 목표로 상세화하는 과정을 거친 것이다.

여기에서 '국어'와 '생활국어'가 과목명이 아닌 교과서명이라는 점에 유의해야 한다. 한 학년에 한 권의 책만 있다면 교육과정 상세화의 첫 단계가 대단원 구성을 짜는 과정과 일치하지만, 이 교과서는 '국어'와 '생활국어' 두 권으로 제작되었기에 '국어-생활국어'의 대단원 학습 목표 배분이 함께 이루어짐으로써 두 교과서의 연계성을 확보한다.

두 권의 교과서로 만들어진 하나의 교육과정은 원래 한 권의 교과서였다면 대단원 구성으로 녹아 들어갔었을 것이다. 2011 개정 교육과정에 따라 2013년부터 적용되는 중학교 1학년 교과서부터 '생활국어'가 사라지므로 이와 같은 사례에 관심이 없을지도 모르겠다. 그러나 현 교육과정에서는 한 과목인 '국어'가 어떻게 두 종류의 '책'으로 나누어 편찬되어야 하는지도 교육과정 상세화에 포함되기 때문에 교과서 편찬의 기본 원리를 이해하기 위해서 여기에서 언급하도록 한다.

(2) 활동 체재

김 선생님이 제1 대단원 수업을 하면서 제재 내용에만 집중할 수밖에 없었다는 것은 무엇을 의미할까? 김 선생님은 교과서에 등장하는 수많은 활동들을 생략하고 수업을 진행했을 가능성이 크다. 제재 이해와 관련되는 활동에 시간을 먼저 배분하다 보면, 교과서의 많은 부분, 정작 중요하게 다루어야 할 목표 활동은 생략하게 될 가능성이 크다는 것이다.

목표 중심 교과서관에 따른 국어 교과서에서는 제재보다는 일련의 활동들을 통하여 학습 목표가 달성되도록 체재가 구성되어 있다. 그러므로 교과서 체제를 이해하지 못한다는 것은 체재별로 주어지는 활동들이 학습 목표의 실현과 어떤 관련성이 있는지 이해하기 어렵다는 것을 의미한다. 동일한 체재 아래 묶인 활동들은 목표 달성에 기여하는 방식이 비슷하다는 것을 의미하는 셈이다. 교과서 편찬자가 체재를 통하여 드러내고자 했던 바가 무엇인지 읽어내어, 활동의 목표 표상성을 편찬자가 어떻게 드러내었는지 연구해야만 한다.

이 교과서 역시 목표 중심 교과서관에 따라 편찬되었다. 제7차 중학교 교과서와 비교를 해 보면, 이 교과서는 철저히 목표 활동을 충실히 실현할 수 있는 체재로 구성되어 있다. 한마디로 국어 교과의 핵심적인 속성과 본질을 제대로 구현해 보이려 한 교과서라고 평할 수 있다. 어떤 면에서 이와 같이 평할 수 있는지, 제7차 중학교 국정 교과서와 활동 체재를 비교해 보도록 하자.

제7차 중학교 교과서에서는 소단원별로 '내용 학습 - 목표 학습'이라는 활동 체재를 구성하여 활동을 제시하고 있다. 소단원 제재를 학습한 다음 바로 소단원 제재 내용에 대해 제대로 이해하고 있는지를 확인할 수 있는 내용 학습을 하도록 하고, 그에 이어 본격적으로 단원 목표를 표상하는 활동인 목표 학습을 수행하도록 체재를 구성하고 있다.

반면, 이 교과서는 활동 체재에 내용 학습을 포함시키지 않았다. 즉, 이 교과서의 활동 체재는 '목표 활동 – 심화 활동'으로 구성되어 있다. 이 점이 바로, 그 이전 교과서들과 비교해 볼 때 획기적인 변화라고 하겠다. 이 교과서에서는 '제재 내용을 이해하는 활동'을 고정된 체재로서 구성하지 않고, 본문을 읽는 과정에서 자연스럽게 해결하도록, 제재가 편집되어 있는 면의 날개 부분에 '더 생각해 보기'라는 코너를 구성한 정도이다.

요약하면, 이 교과서 활동 체재의 특성은 '내용 학습의 비중이 현저히 줄어든 것'이라 하겠다. 내용 학습 활동이 체재로서 고정되어 있는 것도 아니고, 그나마 제재와 함께 편집되어 있는 '더 생각해 보기' 역시, 단지 제재 내용을 확인하는 활동만으로 구성되어 있는 것도 아니다. 이렇게 볼 때 이 교과서는 한마디로, 기존 교과서에 비해 내용 학습의 비중이 현저히 적고, '목표 학습'에 집중하도록 편찬된 교과서라고 하겠다. 그러므로 만약 제재 내용을 이해하는 활동을 주로 수행했던, 글 중심 교과서관에 익숙해져 있는 교사들은 어려움을 겪을 수밖에 없을 것이고, 김 선생님 역시 바로 그러한 경우에 해당한다.

교육과정 상세화 과정은 결과적으로 교육과정의 성취 기준을 대단원 수준의 하위 목표, 소단원 수준의 하위 목표,[7] 활동 수준의 하위 목표 등 단계별로 목표를 세분화하는 과정이나 다름없게 된다. 국어 교과서 체제의 문제는 결국 '교육과정 내용이 교과서 내용으로 어떻게 조직되는가'이며, 내용 선정과 조직 방식 문제와 직결된다. 특히 국어과의 교과서관이 제재 중심에서 목표 중심으로 바뀌게 됨에 따라 체재를 기획하는 작업은 곧 교육과정을 상세화하는 과정과 다름없게 되었다.

그렇기 때문에 현재와 같은 교과서관이 성행하는 상황에서 체재에 대한

**사례에서 이론으로**

7 소단원의 연계성, 소단원 설정의 논리를 이해하는 것이 목표 중심 교재관을 구체적으로 이해하는 데 가장 많은 훈련을 필요로 하는 부분이다.

이해가 없다면 해당 단원을 학습한 후, 더 나아가 해당 교과서를 학습한 후 어떠한 국어 능력이 달성되는지 등에 대한 비전을 갖기 어렵다.[8] 그러므로 제재 중심 교수 가능성이 높아지고, 활동 목표의 표상성을 인식하여 교수·학습을 할 가능성이 적어지고, 궁극적으로 교수·학습 과정에서 학습자들이 교과서의 각 단원을 의미 있게 활동하도록 교육과정 의도대로 실행할 가능성이 적어진다.

### 2) '읽기 기능 향상'을 위한 장치 설정의 논리 역추적

제2 대단원[9]에서는 '읽기의 개념과 방법'이라는 요소가 학습 목표의 핵심 내용으로 등장한다. 가장 국어과다운 내용 요소이자 본질이라고 할 수 있는데, 김 선생님은 이런 내용으로 수업하기가 힘들다. 사실 국어과 수업의 백미는 '읽기'이며 읽기 수업에서 기본적으로 제재의 내용을 가르치지 않고 제재를 읽는 방법을 가르쳐야 국어과 본질에 부합한다는 것을 알고는 있다. 그렇지만 읽는 방법을 가르치는 것이 김 선생님에게는 어렵고 어색하여 늘 제재 내용을 이해시키는 수업을 계획하곤 했을 것이다. 특히 제2 대단원은 제재 내용을 학습하도록 수업해도 될 것 같다. 제재 내용이 학습 목표와 직접적으로 연관되는 내용이기 때문이다.

**사례에서 이론으로**

8 체재와 체재 '순서'는 특히 교수·학습 모형과 절차를 반영하고 있다(최미숙 외, 2012: 제3장). 대부분의 국어 교과서가 제시 순서를 따르기만 해도 학습이 자연스럽게 가능하도록 구성되었다고 볼 수 있다. 달리 말해, 보다 추상적인 '접근법', '모형' 수준에서 교수·학습에 대한 방법론을 제공하고 있다고 볼 수 있다. 물론 좀 더 구체적인 교과서 재구성 수준에서는 '교사의 교수·학습 과정안'으로 얼마든지 수정될 수 있다.

9 읽기 방법이 읽기 교육의 내용인 경우 '기능' 자체가 교육 내용인 국어과의 본질을 제대로 실현하기 위한 가장 도구적인 성격을 지닌 단원이다.

다행이라고 표현해도 될지 모르겠지만, 이 대단원의 경우 김 선생님처럼 판단하고 제재 내용만 가르쳐도 목표와 아예 거리가 멀어지는 수업을 하게 되지는 않는다. 제재 내용 자체가 학습 목표에 해당하는 '읽기 방법', '읽기 특성', '읽기 전략' 등을 직접적으로 서술하고 있기 때문이다. 그러나 과연 그것으로 만족할 수 있을까? 편찬자가 목표 중심으로 이 대단원을 구성했다는 것을 고려하면 제재는 학습 목표를 달성하는 데 가교의 역할을 할 뿐이다. 제재 내용만 수업하고 그 외의 요소를 충분히 연구하지 못하면 궁극적으로 학습자에게 의미 있는 경험을 만들어 주기에는 부적절할 가능성이 높다.

이 단원의 학습 목표를 다시 확인해 보자. '읽기의 개념과 특성, 원리, 방법을 안다.'이다. 이것은 국어과의 핵심 교육 내용으로서 이미 굳어진 지 오래이지만, 왜 김 선생님에게는 여전히 생소하고 당혹스러운 것일까. 그 이유는 대체로 두 가지로 압축할 수 있다. 첫째, 중학생이면 모어 화자로서 읽기 능력을 어느 정도 확보하고 있으므로 이미 '읽을 수 있는 기능'을 획득한 학습자에게 새삼 '읽기의 개념, 특성, 원리, 방법'을 명시적으로 제시하는 것은 의미가 없어 보인다. 둘째, '읽기의 개념, 특성, 원리, 방법'을 명시적으로 제공하는 것이 과연 '국어과'의 핵심적인 교육 내용으로 가치 있는지에 대해서 의문이 생긴다. '읽기 행위 그 자체에 대한 메타적인 지식'을 제공하는 것이 국어과에서 궁극적인 목표로 하는 '읽기 능력 향상'에 직접적으로 기여할 것인지 여부가 불분명하기 때문이다.▸10

이 교과서에는 김 선생님의 의문을 타당하게 극복할 수 있는 장치가 있다. 다른 교과서에서는 이러한 교육 내용을 구현할 경우 교과서에서 제시된

**사례에서 이론으로**

10 이러한 의문은 국어과의 본질에서 비롯된 것으로 무척 타당하다. 그리고 이론가와 실천가 모두 이러한 본질적인 의문점을 타당하게 해결하기 위해 노력해야 한다.

지식을 기능으로 전환하는 것은 당연히 학습자의 몫이라고 가정하고 있고 학습자의 읽기 기능을 향상시키기 위해 어떤 노력을 해야 할지 그 방안을 구상하는 것은 '교사의 몫'으로만 남아 있기 마련이었다. 그러나 이 교과서에서는 명제적 지식을 어떻게 하면 학습자 스스로의 '전략'으로 전환하고, 더 나아가 그 전략을 활용해 활동하게 할 것이며 궁극적으로 '기능 향상'으로 이어지게 할지 고민한 흔적이 돋보인다. 첫째, 체재에서, 둘째, 제재 특성에서 이를 읽어낼 수 있다. 이에 대해 살펴보자.

(1) 소단원 체재 구성의 논리 역추적

이 교과서의 소단원 체재[11]는 다음과 같다. 도입부는 '지식 마당'과 '어휘력'으로 구성된다. '지식 마당'에서 지식을 명제화하여 학습 목표로 내면화하는데, 이는 제재를 학습하기 이전에 '읽기의 초점'에서 읽기 전략으로서 명제화 및 의미화하는 과정이다. 이후 제재의 '내용'을 학습하고 '이해 마당'에서 목표 학습을 수행하고, 적용 마당에서 목표 학습을 심화한다. 한마디로, '지식'을 단계별 체화하도록 철저히 목표 중심으로 체재가 구성되어 있고, '지식'이 체화되어 '향상된 기능'으로 발현되도록 체재가 구성되어 있다.

기본적으로 이 대단원 학습 목표는 '학습자를 위한, 학습자 스스로 전략을 세우고, 스스로 능력을 향상시키려는 노력이 전제되어야' 한다. 그러므로 교사는 이들 '장치'가 어떻게 하면 '명제적 지식'으로만 남지 않고 학습자에

사례에서 이론으로

11 목표 중심 교과서관을 견지하면 각 단원을 집필할 때 '각 체재가 목표로 하는 하위 능력'을 특화하거나 '각 체재가 목표로 하는 수준'을 다르게 설정해 하위 체재를 설정하게 된다. 더 나아가 교과서 집필자들은 각 체재가 표상하고 있는 하위 '능력'과 '수준'을 염두에 두고 있으므로 교사는 각 체재가 특화하고 있는 '능력' 및 '수준'이 무엇인지 적확하게 파악한 후 수업을 위해 본격적으로 교과서를 '재구성'해야 한다.

게 '전략'으로서 '자동화'되어 궁극적으로 '능력'을 향상시킬 수 있을지를 끊임없이 고민하고 수행하도록 촉진해야 한다. 이런 경우 교과서는 조력자와 학습자의 수행 능력을 중간 점검하고 발달 정도를 평가하는 역할이 수월하도록 체재 구성을 해야 하며, 교사가 교과서에 주어진 수준의 교육과정 상세화 결과를 제대로 이해할 수 있도록 '교육 내용 요소'가 무엇인지 정확하게 파악할 수 있도록 체재에서부터 명확히 드러내는 편집을 지향해야 한다. 그런데 이 교과서는 이 모두를 구현하려는 의도를 보이는 체재라 할 수 있다.

제7차 고등학교 국어 교과서에는 학습 활동과 함께 쌍으로 '알아두기'가 구성되어 있었다. '알아두기'에는 주요 교육 내용이 명제적 지식의 형태로 기술되어 이어지는 학습 활동을 수행하는 데 필요한 '절차적 지식'으로 기능하도록 연계한 체재였다. 반면 이 교과서에서는 '알아두기' 체재가 발견되지 않는다. 명제적 지식 형태로 활동 수행에 필요한 지식을 직접 제공하기보다는 제재를 편집하기 이전에 '읽을 때의 초점'이라는 체재에 주요 교육 내용을 기술하여 교사나 학습자가 제재를 읽어나가면서 어떤 사고 과정을 거쳐야 하는지 미리 구상하고 점검하게 했다. 이러한 체재는 별도의 내용 학습을 하지 않아도 제재 학습을 완료한 직후 본격적으로 목표 학습에 몰입할 수 있도록 할 뿐만 아니라 제재를 읽는 과정 자체가 목표 학습을 준비하는 과정으로도 이해될 수 있기에 목표 중심 교과서관에서의 제재 위상을 제대로 이해할 수 있도록 구성한 체재라 하겠다.▸12

**사례에서 이론으로**

12 교육과정 상세화 수준에서 교과서를 이해한 후 국어 교사는 교과서 재구성 수준에서 어떤 노력을 해야 할까? 특히 이 대단원의 학습 목표는 교과서 재구성 수준의 노력이 훨씬 많이 필요한 교육 내용을 포함하고 있다고 할 수 있다. 즉, 읽기 방법을 학습하는 단원과 읽기 이해를 학습하는 단원의 연계 및 효율적인 운영이 필수적이다. 이 대단원은 다른 단원과 연계성, 다른 교과와 연계성, 다른 학년과의 연계성을 확보하도록 교사가 주도면밀하게 재구성해야 한다. 그런 의미에서 이 교과서는 '국어과의 범교과적 역할'이라는 취지를 가장 잘 살린 것이라고 할 수 있다.

(2) 제재 선택의 논리[13] 역추적

국어과 수업에서 제재는 그 자체로 가치를 지니고 있는 '또 다른 내용'이기도 하다.[14] 목표 중심 교과서관에서 '제재'는 목표 달성을 위한 '자료'일 뿐(최미숙 외, 2012: 제3장)이지만, 현장 교사는 여전히 국어과 수업에서 제재를 최우선의 가치, 최우선의 교육 내용으로 간주하고 있다. 다시 말해서 현장은 여전히 글 중심 교과서관에 따라 수업이 이루어지는 경향이 있다.

글 중심 교과서관만 고집하게 되면, 목표 중심으로 구성된 교과서 제재를 이해하기 어렵게 된다. 더군다나 이 교과서의 제2 대단원처럼 '기능, 전략, 수행 능력'을 단일 학습 목표로 제시하고 이를 위한 일련의 활동이 '절차적 지식, 전략'의 획득을 위해 구성되어 있는 경우, 목표 중심의 교재관에 익숙하지 않은 교사는 이 활동들의 목표 표상성을 강조하며 수업을 하기 어려울 수밖에 없다. 활동을 하면서 교사 스스로 '무엇을 가르치고 있는지' 확신하지

**사례에서 이론으로**

13 2007 개정 교육과정은 '담화의 수준과 범위'를 성취 기준과 일대일로 대응하게 함으로써 그 자체로 억지스러운 집필을 유도한다는 비판을 받았다. 해당 대단원이 근거하고 있는 원래의 교육과정 성취 기준은 '읽기의 개념, 특성, 원리, 방법 등을 중학생의 수준에 맞게 설명하는 글'과 대응되고 있다. 이 교과서의 제2 대단원은 '읽기의 방법을 설명한 제재'를 단지 '원리 수준에서 이론적으로 설명'하는 데 그치지 않고, '다양한 읽기의 경험'을 성찰하도록 제재의 내용을 구조화했다.

14 제7차 고등학교 국어 교과서는 목표 중심 교과서임을 표방하면서도 제재가 그 자체로 학습되어야 할 가치가 있는 것으로 보았다. 다음은 제7차 고등학교 국어 교과서의 머리말에 해당하는 '일러두기' 일부인데, 인용된 부분에서 이와 같은 '혼합된 교과서관(목표 중심+글 중심)'을 확인할 수 있다.

> 교육과정 목표 중심의 제재 활용: 이 교과서는 통합적 교수·학습을 지향하고 있으므로 선정된 제재는 교육과정의 목표와 내용을 통합적으로 실현하기 위한 활동 자료로 활용해야 한다. 다만 각 제재는 그 나름의 특성을 지니고 있고, 또 제재 중에는 국어 문화 역사상 의의가 큰 것이 많으므로 이에 대한 이해를 바탕으로 하여 교육과정 목표를 달성할 수 있도록 교수·학습을 조직할 필요가 있다.

이러한 '혼합된 교괴서관'에 대한 좀 더 사세한 탐구는 다음 II장에서 진행될 것이다.

못하고 학생도 무엇을 배웠는지 확신하지 못할 가능성이 높다는 것이다. 요컨대, 이 교과서의 제2 대단원은 목표 중심 교과서관에 익숙하지 않은 교사에게 가장 어려운 단원 중 하나이다.

제재의 학습 내용에는 글의 언어 형식적, 구조적, 미적 요소와 내용적, 주제적, 가치적 요소 등에 대한 분석과 이해가 포함된다. 따라서 학습자가 이해하기 어렵고 교사의 설명과 같은 개입을 많이 요구하는 글 제재라면 교과서의 학습량은 증가하게 된다. 그렇기 때문에 교과서 내용 학습에 지나치게 집중하게 될 경우 당연히 목표 학습에 대한 집중도가 떨어질 것이다. 체재상으로만 본다면 '제재 내용 이해'에 초점을 두는 활동은 아예 설정되어 있지 않다. 또한 통상 읽기 영역에서는 해당 제재의 '내용'이 아니라 '내용을 파악하는 방법'을 가르치는 것이 국어과 본질에 부합한다. 그러나 이 대단원의 소단원 (1)·(2)는 특히 전형적인 읽기 영역의 제재와는 다르게 수업해야만 한다. 학습 목표에 도달하려면 반드시 '제재 내용'으로 녹아들어가 있는 '지식'을 제대로 이해해야만 한다.

### (3) 활동 구성▸15의 논리 역추적

제7차 중학교 교과서는 모든 단원의 활동들을 '읽기 전 활동', '읽는 중 활동', '읽은 후 활동', 세 부분으로 나누어 제시했다. 그러나 이 교과서는 이러

**사례에서 이론으로**

15 이 교과서는 다른 교과서와는 달리 소단원 제재 내용의 이해를 돕기 위한 '내용 학습' 부문이 기획되어 있지 않다. 제7차 중학교 교과서에서 내용 학습은 목표 학습으로 가기 위한 징검다리로 글의 중심 내용과 성격을 파악하는 학습 요소이다. 실눈을 통해 글 제재 지체에 대한 이해를 유구하고 있다(최미숙 외, 2012: 제3장). 박수자(2003)는 활동 중심 교과서는 교과서 체제의 취지가 무색해지는 결과를 초래할 가능성이 크다고 지적한다. 그러나 내용 학습이 부재하고 목표 학습만 고징된 체재로 설정된 이 교과서는 해당 단원의 수업을 진행하기 위해 교사 및 학습자가 꼭 알아야 할 내용 요소에 대한 정보를 신속하게 파악하도록 함으로써 활동의 목표 표상성을 높인다.

한 일률적인 구성을 따르지 않았다. 읽기 목적에 따라 읽는 방법도 달라져야 한다는 이 단원의 교육 내용과 정확히 일치하는 활동 체재를 구성하고 있다. 그러나 제2 대단원에서는 (3) 소단원의 체재를 '읽기 전 활동', '읽는 중 활동', '읽은 후 활동'을 나누어 제시했다. (3) 소단원의 체재가 다른 이유를 명확히 인식하고 이해할 수 있는 학습자만 학습 목표에 도달했다고 평가할 수 있다. (2) 소단원 65쪽부터 69쪽까지 제재와 활동을 통해 모든 글을 언제나 '읽기 전→읽는 중→읽는 후'와 같이 정해진 절차에 따라 읽어야만 하는 것은 아님을 제시하고 있기 때문이다. 즉, 제재 내용(교과서 66쪽)에서 "별다른 준비 없이 바로 읽고, 읽은 다음에도 특별한 활동을 따로 할 필요가 없는 경우도 있고, 어떻게 읽을 것인가는 어떤 맥락에서 쓰인 어떤 글인가에 따라 달라짐"을 제시하고 있고, 이해 마당(교과서 68~69쪽) 활동에서 다음과 같이 제시하고 있다.

① 본문 제재 내용 중 읽기 방법의 핵심을 나타내는 궁금이의 질문 세 개를 제시하고 그에 대한 답을 정리
② 수업 시간의 학생들의 대답에 대한 평가
③ 읽기 전, 읽는 중, 읽은 후에 적절한 활동 정리

요컨대 교과서의 교육 내용과 교과서의 체재를 일치시킴으로써 학습 내용과 학습 형식이 일치되도록 하고 학습자의 학습을 더욱 유의미화·맥락화시켰다고 할 수 있다. 체재의 일관성만 고집하지 않고 타당한 논리에 의한 유연성을 발휘한 대표적인 사례라고 하겠다.

### 3) 최신 교육 내용 실현태를 통한 국어과적 본질 역추적▸16

당연한 얘기이지만, '학습을 위한' 국어 활동은 교육과정에서 비롯된다. 이 교과서가 근간으로 하고 있는 2007 개정 국어과 교육과정에서는 '학습을 목적으로 하는 국어 활동'이 7학년 '듣기' 영역 (1) 내용 요소로 기술되어 있다. 다음과 같은 두 가지 교육과정 항목이 상세화되어 각기 국어 및 생활국어 교과서의 제2 대단원 학습 목표로 배분된 것이다.

| 영역 | 담화의 수준과 범위 | 성취 기준 | 내용 요소 |
|---|---|---|---|
| 듣기 | 교과 내용의 특성이 잘 나타나는 수업 | (1) 수업을 듣고 교과 특성을 고려하여 중요한 내용을 메모한다. | - 학습을 목적으로 하는 듣기의 특성 이해하기<br>- 예고, 강조, 요약 등에 사용되는 담화 표지 알기<br>- 담화 표지를 활용하여 중요한 내용 파악하기<br>- 교과별로 수업의 중요한 내용 정리하기 |
| 읽기 | 읽기의 개념, 특성, 원리, 방법 등을 설명한 글 | (1) 읽기의 개념, 특성, 원리, 방법을 안다. | - 읽기의 개념과 특성 이해하기<br>- 읽기의 원리 파악하기<br>- 맥락을 고려하면서 글을 읽는 방법 파악하기<br>- 글의 특성에 맞는 읽기 방법을 활용하여 글 읽는 태도 기르기 |

교과서는 교육과정 내용을 '확장' 또는 '축소'하여 반영하는데(최미숙 외, 2012), 이 교과서는 교육과정 내용을 '확장'한 것으로도 '구체화'한 것으로도 이해할 수 있다. 교과서 편찬자의 상세화 과정을 '듣기' 성취 기준과 '읽기' 성취 기준 모두를 중심으로 시뮬레이션해 보자.

첫째, '듣기' 성취 기준을 중심으로 교육과정 상세화를 시뮬레이션해 보자. 교육과정 해설서에는 듣기 성취 기준의 의도를 다음과 같이 서술하고 있다.

사례에서 이론으로

16 다른 교과, 다른 단원, 다른 학년에도 지속적으로 연계하여 가르쳐야 하는 대표적인 내용이다.

이 성취 기준은 하루 중 학습자들의 많은 시간이 학습을 목적으로 하는 듣기 상황에 노출된다는 점을 고려하여, 학습과 관련된 듣기 능력을 향상시키기 위하여 설정하였다. 이는 국어 능력이 다른 교과 학습의 도구가 된다는 인식을 기반으로 한다. 수업을 듣는 능력은 각 교과 학습의 내용을 이해하고 과제를 수행하는 기반이 된다. 학습 목표를 달성할 수 있도록 다양한 교과의 수업 내용을 이해하고 적절히 반응하며 중요한 내용을 메모하는 능력을 신장시키는 데 필요한 다양한 교수·학습 활동을 계획하되, 특히 각 교과의 특성에 맞추어 듣기 전략이 달라질 수 있음을 이해하는 데 중점을 둔다.

듣기 (1) 성취 기준은 국어 능력이 다른 교과 학습의 도구가 된다는 인식을 본격적으로 실현하고자 설정된 것이다. 국어 능력의 도구적 성격을 교과서에서도 본격적으로 구현한 것은, 중학교의 경우 제7차 교과서부터였다.▸17 국

**사례에서 이론으로**

17 제7차 중학교 교과서부터 '국어과적 읽기 활동'은 진정한 '학습의 도구'가 된다는 관점이 본격화되어 교과서 단원을 구성하게 되었고, 이는 '국어 2-2 교과서 제4 대단원'에서 구현되었다. 이 대단원의 대단원명은 '교과서, 어떻게 공부할까'이며, 다음과 같이 두 개의 소단원으로 이루어져 있다.

4대단원. 교과서, 어떻게 공부할까
(1) 국사 교과서 읽기
(2) 과학 교과서 읽기

대단원 학습 목표는 다음과 같다.

1. 내용의 전개 방식에 유의하며 교과서를 읽을 수 있다.
2. 편집 체재와 표지에 유의하며 교과서를 읽을 수 있다.

당시의 교과서를 김대행 외(2009)와 비교하면, 학습 목표 설정부터 현저히 차이가 난다. 제7차 교과서의 경우 교사와 학습자가 '교과 독서'를 '교과서 읽기'와 같은 의미로 단순하게만 받아들일 우려가 있다. '교과서'라는 장르를 '내용의 전개 방식'과 '편집 체재와 표지'에 따라 유의하여 읽어야 한다는 '교과서를 읽는 두 가지 방법'을 가르쳐 주는 정도에 그친다. 또한 교과서를 읽는 두 가지 방법인 '내용 전개 방식'과 '편집 체재와 표지'가 깊은 관련성을 지니는데도 불구하고, 또한 깊

어과에서 목표로 하는 능력이 기능적 문식성을 넘어 '세상 읽기를 비판적으로 할 수 있는' 문식성으로 확장되고 지식과 언어의 관계에서 언어 우위인 시대가 되면서 지식을 구성하는 언어의 역할이 더욱 강조되었다(최미숙 외, 2012: 1장). 그리하여 국어 교과와 다른 교과의 관계 설정이 달라질 수 있는 기반이 마련되었다.

사실 국어 교과의 도구성, 즉 '범교과적 역할'은 제도 교육에서 주요한 '다른 교과 활동을 하는 데 기여할 수 있는 국어 활동'이었다. 국어 교과의 도구성은 선언적으로만 존재하는 신념이 아니라 국어과 전 영역에서 구체적인 활동으로서 본격적으로 구현해야 하는 주요 교육 내용이 된 것이다.

그런데 왜 2007 개정 교육과정에서는 이와 같은 '도구성'을 굳이 '듣기' 영역에서 실현하도록 하였을까. 그 이유는 앞에서 인용한 내용에서 찾아볼 수 있는데, '가장 많은 비중을 차지하는 활동이 듣기'이기 때문이다. 즉, 학

**사례에서 이론으로**

은 관련성을 지니고 읽어야만 국어과적으로 유의미한 활동이 됨에도 불구하고, 두 가지 목표가 분리되어 제시됨으로써 학습자들이 이를 충분히 유의미하게 받아들이기 어렵다. 당시에는 교과서의 외적 체제가 교과마다 달리 나타남을 '매체 언어'적 관점에서 읽어낼 것을 유도한 것이어서, '편집 체재'조차 읽어내야 하는 것이 '국어과적 읽기 능력'임을 강조하는 데 초점이 있었다. 당시에는 이 대단원의 학습 목표가 왜 국어과 교과서에 실려야 하는지 국어과 교사들에게 충분히 의미 있게 받아들여지지 않았다. 그 첫 번째 원인은 아마 왜 '편집 체재와 표지에 주목하여 읽어야 하는지'를 충분히 이해할 수 있도록 구성되어 있기 때문인 것으로 생각된다.

제7차 국어과 교과서에서 '교과서 읽기'는 '교과 독서'의 의미를 강조함으로써 '국어과의 도구적 본질'을 구현하는 의미를 제대로 구현할 수 있는 제재였다. 그렇지만 '매체 언어적 읽기' 관점까지 혼재되어서 그런지 '교과 독서', '학습 독서'의 의미가 충분히 드러나지 않았다. 이렇게 볼 때 김대행 외(2009)는 단지 '교과서 읽기'가 아닌 '국어 교과서'에서는 '읽기 방법의 일반론'을 '학습 독서'와 연계하여 학습하도록 구성하고, '생활국어 교과서'에서 이를 구체적인 수업 상황에서 '해당 교과 수업에 특화되는 담화 표지'를 학습하도록 구성함으로써 국어과적 도구적 본질과 국어과적 정체성을 유지할 수 있는 교육 내용을 적절히 구성하였다고 판단된다. 다른 출판사의 교과서가 '학습 독서'가 아닌 '강연 듣기' 정도로 의미를 축소해 단원을 표상한 데 그쳤다면 이 교과서는 이론적 본질을 구현하려는 노력이 더 돋보이는 교과서라고 하겠다.

습자의 언어 경험 중 가장 중요한 학습 상황인 '수업 시간'을 의미 있게 할 수 있는 '도구적 역할'을 국어 교과서에서 실현하도록 한 것임을 알 수 있다. 계속되는 해설서의 내용을 살펴보자.

> 학습자는 수업에서 전달되는 특정 지식과 관련하여 그 중심 내용에 집중할 필요가 있다. 수업에는 많은 양의 정보가 제시되므로 학습자의 이해를 돕기 위해 담화 표지가 사용된다. 담화 표지는 담화의 조직이나 내용 구성과 밀접한 관계가 있으며 화자가 청자를 위해 미리 말할 것에 대해 신호를 주기 위해 쓰이는 도구이다. 따라서 학습자는 담화 구조와 내용을 파악하고 다음에 듣게 될 정보를 추론하는 데 담화 표지의 도움을 받을 수 있다. 담화 표지는 수업 내용과 관련하여 예고, 강조, 요약 등의 기능을 수행한다. 교과별로 수업의 내용과 진행 방식이 다르므로 이에 맞추어 중요한 내용을 정리한다. 이 성취 기준의 내용 요소 중 '담화 표지를 활용하여 중요한 내용 파악하기'는 4학년 듣기 영역의 성취 기준 '설명하는 말을 듣고 중요한 내용을 이해한다.'와 연계하여 지도할 수 있다.
>
> [담화의 수준과 범위] 교과 내용의 특성이 잘 나타나는 수업
> 학교에서 이루어지는 수업 담화 중에서 각 교과의 내용 특성이 잘 드러나는 수업을 대상으로 하고, 활동 중심의 수업보다는 지식 전달이 중심이 되는 수업을 선정하는 것이 좋다.

학습자가 각 교과 수업에 더욱 의미 있게 임할 수 있도록 국어 교과서에서 구현해야 하는 내용은 다양할 수 있으나, 자칫하면 '국어과적 정체성'과 어긋날 수 있는 위험을 내포하고 있다. 그리하여 2007 개정 교육과정에서는 철저히 '교과별로 달라지는 담화 표지'에 집중하도록 성취 기준을 설정함으로써 국어과적 정체성을 확보해 진일보했다고 평가할 수 있다.

또한 교과서 편찬자는 사회 교과 및 과학 교과 수업을 선정하여 이러한 내용을 생활국어에서 본격적으로 다루도록 설정했다. 그런데 생활국어 교과서에서 두 번째 학습 목표를 살펴보면 듣기 이외에도 읽기 활동까지 명시하고 있다. 즉, '② 읽기와 듣기를 통해 새로운 내용을 학습한다.'라고 기술함으로써 듣기 성취 기준만을 놓고 보면 원래 교육과정 성취 기준의 내용을 확장한 것이라 할 수 있다.

둘째, '읽기' 성취 기준을 중심으로 교육과정 상세화를 시뮬레이션해 보자. 마찬가지로 교육과정 해설서를 통해 해당 성취 기준의 의도를 살펴보자.

> 이 성취 기준은 읽기의 개념, 특성, 원리, 방법 등 읽기 행위에 대해 정확히 이해함으로써 읽기 능력 신장의 기반을 마련할 수 있게 하기 위하여 설정하였다. 읽기는 인간의 고등 사고 능력을 수반하는 행위로서 시간과 공간의 제약을 넘어 다른 사람의 정신 세계와 교류하고, 다양한 문화를 체험할 수 있게 하는 중요한 활동이다. 정보의 교류가 비약적으로 증가하는 현대 사회에서 읽기 능력의 향상은 필수적인 과제 중 하나이다. 이를 위해서는 무엇보다도 읽기 행위에 대해 정확히 이해하는 것이 필요하다. 듣기, 말하기, 쓰기 등과 비교할 때 읽기에 어떤 차이점이 있는지 인식하게 하고, 학습자 스스로 읽기 능력의 신장을 위해 필요한 사항이 무엇인지 파악하도록 한다.
>
> 이를 위해서 우선 읽기의 개념과 특성, 그리고 원리를 이해하게 한다. 추상적인 이론을 소개하기보다는 학습자가 자신의 읽기 경험을 떠올리면서 자연스럽게 읽기 행위에 대해 이해할 수 있도록 지도한다. 이때 독자는 글의 의미를 수동적으로 받아들이는 존재이기보다는 자신의 지식과 경험을 바탕으로 능동적으로 의미를 구성하는 존재라는 점을 인식하게 하는 것이 바람직하다. 이와 함께 다양한 읽기 방법을 학습함으로써 글의 맥락과 특성에 맞는 읽기 방법을 선택할 수 있는 능력과 태도를 기르도록 한다. 글의 목적, 구조, 갈래, 글쓴이의 개성 등

에 따라 글의 특성이 다르다는 사실을 알게 하고, 글에 맞는 적절한 방법을 찾아 효과적인 읽기를 수행하는 태도를 기를 수 있도록 지도한다.

[글의 수준과 범위] 읽기의 개념, 특성, 원리, 방법 등을 설명한 글
읽기의 본질, 읽기의 특성과 원리 등에 대해 중학생의 수준에 맞게 설명하는 글이 적절하다. 초등학교에서의 읽기 경험을 되돌아보고, 읽기 활동에 대해 좀 더 다양하고 폭넓은 이해에 이르게 할 수 있는 글이 바람직하다. 글의 맥락이나 특성을 고려한 글 읽기의 바람직한 사례, 적절한 방법을 사용한 글 읽기와 그렇지 않은 경우의 예 등을 구체적으로 제시하는 것이 필요하며, 특정 읽기 이론에 치우치지 않은 글이어야 한다.

인용된 해설 부분에서도 알 수 있듯이, 읽기 영역 (1) 성취 기준은 학습자 스스로가 읽기 능력의 신장을 위해 자신에게 필요한 사항이 무엇인지 파악하는 데 목적을 두고 있다. 상당히 추상적인 이론을 바탕으로 하고 있기 때문에 이 성취 기준 그대로 교과서 학습 목표로 실현된다면 수업 역시 추상적으로 진행될 것이다. 김 선생님의 고민은 어쩌면 당연하다고 할 수 있다. 이처럼 추상적인 교육과정을 상세화하면서 편찬자는 다음과 같은 사고 과정을 거쳐 국어 교과서의 학습 목표에 '학습을 위한 읽기'를 설정했다. 애초의 교육과정 성취 기준을 '구체화'했다고 볼 수 있다.

- 학습자의 읽기 경험을 되돌아보게 할 때 가장 중요하게 성찰해야 하는 경험인 '학습 목적의 읽기'를 택한다.
- '읽어야 하는 맥락과 글의 특성에 따라' 읽기 방법까지 선택하도록 할 때 이 역시 '학습 목적의 읽기'를 본격적으로 학습하도록 해야 한다는 데에까지 상세화한다.

요컨대 듣기 (1)과 읽기 (1) 성취 기준은 원래 교육과정에서는 서로 연계성을 찾을 수 없었던 상태였으나, 상세화 과정에서 두 성취 기준이 '국어과의 본질인 도구적 속성, 즉 학습을 위한 국어 활동'으로 그 접점이 탐색된 것이다. 듣기 (1) 성취 기준은 원래 교육과정을 '확장'하고 읽기 (1) 성취 기준은 원래 교육과정을 '구체화'함으로써 국어 및 생활국어 교과서의 학습 목표로 배분된 것이다.

교육과정에서는 '듣기'만 학습 도구로 등장하지만, 이 교과서에서 '읽기'도 학습 도구임을 강조한 것은 교육과정 성취 기준 간의 연계성을 진정으로 실현하여 국어과의 '통합적' 본질을 제대로 구현하고자 하는, 교과서 편찬자의 국어교육관이 일관되게 반영된 결과라 할 수 있다. 편찬자의 이러한 국어교육관은 물론 교과서의 체재부터 활동 하나 하나에서까지 읽어낼 수 있지만, '생활국어' 머리말에서도 읽어낼 수 있다. 해당 부분은 다음과 같다.

> '국어'와 '생활국어'는 책은 둘로 되어 있지만 공부는 둘이 아니라 하나입니다. 그러기에 하나의 대단원을 공부하면서 여러분은 '국어'에서 알게 된 것이나 익힌 능력이 '생활국어'에서 활용되기도 하고, '생활국어'에서 학습한 것이 '국어'의 활동에 필요하게 됨을 쉽게 발견할 것입니다. '국어'와 '생활국어'의 대단원은 이름만 같은 것이 아니라 같은 원리, 같은 내용, 같은 능력 등으로 밀접하게 연결되어 있습니다.

국어와 생활국어 교과서의 연계성을 강조하여 기술하고 있는 부분이다. 여느 출판사의 머리말과는 달리 인용된 부분, 특히 밑줄 친 부분은 워낙 이론적으로 기술되어 있어 제대로 이해하기란 결코 쉽지 않다. 인용된 부분에서도 언급하고 있듯이, 단지 대단원 이름만 같게 하여 '연계성을 확보했다'고 주장하는 교과서도 있다. 그러나 이 교과서는 '국어-생활국어'가 각 대단원

끼리 대단원명을 동일하게 설정한 것은 물론이고 내용도 공통되는 요소를 지니도록 했다고 언급하고 있다.

머리말에서 아무리 두 교과서의 연계성을 강조했다고 하더라도 실제로 교육과정 상세화 작업에서 이를 일관되게 반영하는 것은 상당히 어려운 문제이다. 제2 대단원에서는 이를 적극적으로 반영했다. 원래 교육과정에서 '같은 원리, 같은 내용, 같은 능력'이 아니었던, '읽기 영역, 듣기 영역' 성취 기준을 '같은 원리, 같은 내용, 같은 능력'으로 상세화한 것이다. 이는 마치 전혀 다른 개체로 있던 붉은색과 파란색의 두 개의 밀가루 반죽을 혼합하여 보라색을 띤 두 개의 밀가루 반죽으로 만들어내는 것과 다름없는 과정으로 유추하여 설명할 수 있다.

요컨대 제2 대단원은 국어-생활국어 공히 '총체적 언어 교육, 통합적 언어 교육, 지식과 기능과 태도를 통합하려는 국어 교육'이라는 국어 교과의 본질을 구현하려는 편찬관을 철저히 고려하면서 교육과정 상세화를 수행했다고 볼 수 있다. 그 결과 이 교과서는 국어와 생활국어의 내용 요소 간의 연계성을 확보하는 효과까지 얻었다고 정리할 수 있다.▸18

**사례에서 이론으로**

18 이 대단원의 소단원 순서를 재구성해도 될까? 안 된다. 이론적 근거가 철저히 연구되어 반영된 경우이므로, 소단원 순서까지 견고하게 '국어과의 지식구조에 따라' 설정된 것이라 교사가 재구성해서는 이론적 근거가 흔들리는 수업이 된다. 그 상위 원리, 변하지 않는 '학습 읽기, 학습 도구로서의 언어 특성'을 이해하는 데에는 국어 교과서에서 읽기 단원으로 처리하고, 그다음 생활국어 교과서에서 '사회 교과, 과학 교과'의 담화 표지를 익히는 순서로 구성한 그대로 수업을 해야만 한다. 그러므로 읽기 교과서를 먼저 학습하고, 그다음 생활국어 교과서를 학습하는 것이 논리적으로 타당하다.

## 4. 원리의 재확인

이 장에서는 달라진 국어교육관, 국어교육관의 본질을 적극적으로 구현해 내려고 노력한 교과서를 대상으로 하여, 교사의 전문성이 교과서 재구성 능력을 어떻게 좌우하는지를 살펴보았다. 여기에서 살펴본 교과서는 비록 국어 교과의 핵심 속성이 무엇인지 드러내 보이고자 하는 교과서이기는 하지만, 학습자의 인식 변화를 이끌어낼 수 없는 수업을 할 경우 목표 표상성을 달성하기 어려운 교과서였다. 이러한 사례를 통해 교사가 끊임없이 학문적 관심을 두고, 교과서 학습 목표를 문면으로만 이해하는 수준을 넘어서서, 국어과 교육과정에 대한 이해, 국어과의 본질에 대한 이해 등을 끊임없이 추구해야 함을 알 수 있었다. 이를 위한 핵심 원리와 그 구체적 방법을 다음과 같이 확인할 수 있었다.

**핵심 원리**

국어 교과서의 체재를 통하여 국어교육의 핵심 속성을 읽어낼 수 있어야 한다.

**구체적 방법**

- 실현태인 체재를 통하여 대단원 구성 원리, 대단원 내 체재 설정 논리, 소단원 체재 설정 논리, 활동 구성 논리 등을 파악해 본다.
- '기능' 중심 교육 내용을 실현한 단원의 체재를 바탕으로 교육과정 상세화 논리를 역추적해 본다.
- 교육과정 성취 기준에 반영된 학문적 배경을 알고 이를 체재를 통하여 읽어내어 본다.

- 새로운 교육 내용에 대하여 그 국어과적 본질 및 정체성을 파악해본다.

이상과 같은 원리와 방법은 교육과정에 성취 기준이 등장했을 경우, 교사가 자신의 일상적 경험, 교육적 경험, 교사용 지도서, 교육과정 해설서 정도를 학습하는 데에 그치지 않고 더 나아가 해당 성취 기준이 등장한 학문적 배경을 이해하도록 하는 핵심 지식으로서, '맥락화된 이론'으로서 실제성을 띠어야 하는 교과서 이론의 중요한 부분을 이룬다 할 수 있다.

# Ⅱ

# 학습 목표가 제재나 활동의 의미를 이해하는 거점임을 이해하기

## 1. 사례 안내

제7차 고등학교 국어(상) 교과서의 두 번째 대단원 '짜임새 있는 말과 글'을 살펴보고자 한다.

이 대단원은 두 개의 소단원으로 이루어져 있고, 학습 목표는 세 가지이다.

① 내용 조직의 일반 원리를 안다.
② 내용 조직의 일반 원리에 따라 효과적으로 내용을 조직하여 말을 하거나 글을 쓴다.
③ 문장의 짜임새를 안다.

또한 각 소단원의 제재와 활동 내용은 다음과 같다.

(1) 용소와 며느리 바위

(2) 나의 소원

| 단원 체재 | 활동 내용 |
| --- | --- |
| 단원의 길잡이 | 단원의 성격 및 목표 안내 |
| 준비 학습 | • 텔레비전 방송 기사를 읽고 외래어나 외국어를 순화하여 써 보고, 중심 내용을 정리한 후, '진행자 – 기자 – 주부 – 전문가' 발언이 기사 전체에서 어떤 역할을 하는지 알아보기 |
| 소단원 (1) | • 본문 내용을 3단계로 정리하기<br>• 친구들과 한 문장씩 돌아가며 이야기를 재구성할 때 어떠한 접속어나 지시어를 사용하는지 분석하기<br>• 본문의 내용 조직 방법을 알아보기<br>• 본문의 내용을 신문 기사로 바꾸어 쓸 경우를 가정하여 개요 작성하기<br>• 작성한 신문 기사 내용이 예상 독자와 읽는 목적에 따라 다르게 조직될 수 있는지 여부를 분석하기 |
| 소단원 (2) | • 이 글이 쓰여질 당시의 필자의 입장 이해하기<br>• 본문의 문장을 짜임새에 따라 분류하기<br>• 본문의 문장들이 짜임새를 기준으로 보았을 때 어떠한 특징을 가지고 있는지 파악하기<br>• 필자가 생각하는 신념에 대해 파악하기<br>• 본문 중 한 문단을 대상으로 문장의 짜임새 탐구하기<br>• 필자의 내용 전개 방법과 예상독자 요구 분석을 연계하여 탐구하기<br>• 우리의 현실 상황을 고려한 연설문을 작성하기 |
| 단원의 마무리 | 단원 내용 정리하고 학습 내용 점검하기 |
| 보충 활동 | • '가람 일기'를 읽고 문장의 짜임새 탐구하기 |
| 심화 활동 | • '근원수필'을 읽고, 글의 개요 나타내기<br>• 본분과 다르게 조직된 개요를 작성해 보기<br>• 다르게 조직된 개요를 원글의 내용과 비교해 보기 |

## 2. 김 선생님의 교과서 재구성

김 선생님은 이 대단원의 수업을 준비하면서 몇 가지 난관에 부딪혔다.

김 선생님의 첫 번째 고민은 소단원 수와 학습 목표 수가 일치하지 않는

데다가 학습 목표 ③은 학습 목표 ①, ②와 관련 없어 보인다는 것이다. 대체 소단원 (1)의 학습 목표는 무엇일까? 학습 목표 ③은 소단원 (2)의 목표일 것이라는 확신은 있다. 마지막에 제시됐으니까 소단원 (2)의 목표일 것이라고 생각했다. 무엇보다도 이렇게까지 학습 목표들의 연계성이 없을 수 있을까? 결국 김 선생님은 이 대단원의 학습 목표가 교육과정의 성취 기준을 억지로 결합한 대표적인 예라고 생각하고 더 이상 학습 목표에 대한 고민은 하지 않기로 했다.

김 선생님의 두 번째 고민은 소단원 (2)의 제재가 너무 재미없다는 것이다. 학생들의 흥미를 끌기 어려운 제재인데, 그러한 제재로 학습 목표 ③을 달성해야 한다니, 국정 교과서는 현장을 몰라도 너무도 모른다는 생각까지 했다. 그래서 문법 단원이 나올 때마다 흔히 했던 방식으로 재구성하기로 했다. '나의 소원'은 문법 학습 목표와 별개로 가르치고 문장의 짜임새를 알도록 하기 위한 학습지를 만들기로 했다.

김 선생님의 세 번째 고민은 각 소단원 활동들이 학습자에게 어떤 의미가 있는지 제대로 파악이 안 된다는 것이다. 이 대단원은 다른 대단원에 비해 '제재와 그다지 관련 없어 보이는 활동'이 특히 많은 것 같다. 물론 다양한 활동을 하는 것이 나쁘지는 않겠지만 시간이 부족한 학생들이 본문 제재로 등장하지도 않은 신문 텍스트를 가상으로 생각하는 활동까지 하도록 하는 것은 지나치다고 생각했다. 그래서 학습 활동 모두 수업에서 다루지 않기로 했다.

■ 김 선생님의 교과서 재구성 방식 도식

1) 목표 재구성: 학습 목표의 연계성이 없음. → 목표의 연계성 고민을 안 하기로 결정함.

2) 제재 재구성: 제재의 흥미가 떨어지고 학습 목표를 표상하지 못함. → 흥미 문제는 시간 부족으로 더 이상 고민하지 않고, 소단원 (2) 제재의 목표 표상성을 무시하기로 함.

3) 활동 재구성: 목표나 제재와 관련이 없어 보이는 활동임. → 학습 활동을 수업 시간에 다루지 않기로 함.

## 3. 교육과정 상세화 작업 역추적

김 선생님의 세 가지 고민은 사실상 서로 긴밀히 연결되어 있다. 특히 이 대단원은 두 소단원의 학습 목표가 어디에 초점을 두고 있는지 판단하지 못한다면 대단원 학습 목표의 긴밀성을 고려하지 못하게 되고 연쇄적으로 제재 선택의 논리를 자의적으로 해석하게 될 가능성이 높다.▸1

### 1) 활동 구성의 논리 추적하기

첫 번째 고민부터 살펴보자. 제7차 고등학교 국어 교과서는 '목표'를 먼저 설정하고 그에 따라 '제재' 및 '활동'을 구성한 '목표 중심 교재관'을 견지한 교과서이다. 이하 내용은 교과서 편찬자의 입장에서 생각해 보아야 한다.▸2

**사례에서 이론으로**

1 교과서가 목표 중심 교재관에 의거해 편찬되었기 때문에 활동 구성, 제재 선택의 논리를 추적하고자 할 때 모두 '학습 목표'를 근거로 추적해야 한다. 즉, 1)의 문제는 두 개 과정을 거쳐서 종합적으로 추적해야 한다.

활동의 적절성을 파악하는 과정=소단원 학습 목표 명확히 이해하는 과정

제재의 적절성 파악하는 과정=소단원 학습 목표 명확히 이해하는 과정

다시 말해, 소단원 학습 목표에 대한 이해는 활동 또는 제재의 적절성까지 파악해야 제대로 이루어진다.

2 먼저 '제재 선택의 논리'를 판단하는 것이 보편적이지만, 여기에서는 '활동'부터 검토한다. 그 이유는 뒤에 설명할 것이다.

학습 목표 ①을 직접적으로 구현하려고 의도한 학습 활동은 무엇일까?

**학습 활동**

1. 이 이야기는 제보자가 말한 것을 채록한 것이다. 이 이야기를 처음, 중간, 끝의 3단계로 내용을 간략하게 정리해 보자.

| 단계 | 내용 |
| --- | --- |
| 처음 | |
| 중간 | |
| 끝 | |

2. 한 문장씩 돌아가면서 말하여 이 이야기를 재구성해 보고, 다른 사람이 말한 내용에 따라 이야기를 이어나갈 때 접속어나 지시어가 어떻게 사용되고 있는지 메모해 보자.

(교과서 71쪽)

이러한 학습 활동이 바로 첫 번째 학습 목표를 직접적으로 구현하려는 의도를 지니고 있다고 판단할 수 있다. 어떤 근거로 그렇게 판단할 수 있는가? 만약 '학습 활동'의 발문만 보고 목표를 판단하기 어렵다면 학습 활동의 정체성을 파악할 수 있는 다른 단서를 교과서 내에서 찾아야 한다. 이 교과서에서는 '알아두기'를 단서로 활동의 목표를 찾아낼 수 있다.▸3

교과서마다 다르지만, 이 교과서에는 '학습 활동'에 필요한 '지식'이 '알아두기'에 명시적으로 기술되어 있고 '알아두기'와 '학습 활동'이 정확한 쌍을 이룬다. 즉, '알아두기'에 기술된 '지식'은 그대로 '학습 목표'와 연계된다

**사례에서 이론으로**

3 알아두기를 단서로 활동의 목표 표상성 찾기

고 볼 수 있다.[4] 학습 활동에서는 학습 목표(교과서 71쪽)를 명시적으로 파악하기 어려울 수 있는데, 알아두기(교과서 70쪽)를 참고하면 한 쌍을 이루는 활동 목표(교과서 71쪽)가 명확해진다. 분명히 대단원 학습 목표 ①에 해당한다.

> **알아두기**
>
> 내용 조직의 일반 원리
>
> - 단계성: 말을 하거나 글을 쓸 때 처음과 중간, 끝의 각 단계가 명확히 드러나도록 내용을 조직해야 한다.
> - 통일성: 전체적으로 하나의 화제(주제)에 따라 내용을 조직하는 것으로 주제문과 뒷받침 문장 하나하나가 통일된 내용을 다루고 있어야 한다.
> - 일관성: 담화 내의 문장과 문장이 서로 긴밀하게 연결되어 있어야 한다. 지시어나 접속어 등을 적절히 사용하여 유기적인 관계로 조직할 수 있다.
>
> 이 외에도 간결성과 완결성 등의 원리를 고려하여 말과 글의 내용을 조직해야 한다.
>
> (교과서 70쪽)

그러면 대단원의 학습 목표 ②를 구현한 학습 활동은 무엇일까? 마찬가지로 먼저 학습 목표 ②에 기술된 내용과 가장 비슷한 알아두기부터 찾는 것이 요령이다.

**사례에서 이론으로**

4 관련 확장 활동: '학습 목표-학습 활동(제재 이해를 위한 활동, 목표 달성을 위한 학습 활동)-제재-활동을 위한 지식'의 관계에서 '학습 목표'를 먼저 분석하고 이를 달성하기 위한 필수적인 '지식'이 어떤 방식으로 기술되어 있는지를 나중에 살펴보는 것이 타당하다.

**알아두기**

말하기와 쓰기의 내용 조직 방법

말을 하거나 글을 쓸 때에 전달하고자 하는 내용, 상황, 목적 등에 따라 내용을 조직하는 방식이 달라진다. 내용 조직 방법에는 시간적 조직 방법, 공간적 조직 방법, 인과적 조직 방법, 주제별 조직 방법, 문제 해결식 조직 방법 등이 있는데, 이를 적절히 선택하여 사용할 수 있어야 한다.

특히 말을 할 때에는 자기가 말한 내용을 녹음한 다음, 이를 내용 조직 원리에 비추어 분석해 봄으로써 문제점을 보완하는 방법이 효과적이다.

(교과서 72쪽)

**학습 활동**

1. 이 이야기의 내용 조직 방법을 알아보자.
2. 이 이야기의 내용을 신문 기사로 쓸 경우, 기사의 내용을 어떻게 구성할 수 있는지 개요를 작성해 보자.
3. 예상되는 독자와 읽는 목적 등에 따라 기사의 내용이 어떻게 다르게 조직되었는지 서로 비교해 보고, 다르게 조직한 이유를 말해 보자.

(교과서 74쪽)

알아두기(교과서 72쪽)에는 말하기뿐만 아니라 쓰기의 내용 조직 방법까지 기술되어 있다. 학습 활동(교과서 74쪽)은 이를 실현하기 위한 활동이다. 일단 이쯤에서 소단원 (1)에서 학습 목표 ①과 ②가 구현된다는 결론을 내릴 수 있다.

같은 방식으로 소단원 (2) 활동들의 목표를 판단해 보자. 소단원 (2)의 첫 활동은 분명히 대단원 학습 목표 ③과 관련이 된다.

**학습 활동**

1. 이 글이 쓰일 당시 우리 나라가 처한 상황을 고려하여 필자가 왜 그런 소원을 갖게 되었는지에 대해 말해 보자.
2. '이 모양으로 모든 사상도 가고 ~ 가장 확실한 진리다.'의 짜임새를 다음 기준에 따라 분류해 보자.

| | |
|---|---|
| 홑문장 | |
| 안은 문장 | |
| 이어진 문장 | |

3. 이 글에 쓰인 문장의 짜임새를 중심으로 그 특징을 이야기해 보자.

(교과서 79쪽)

그런데 이어지는 두 번째 활동에서 학습 목표 ③과 학습 목표 ①·②를 다시 연계하고 있음을 확인할 수 있다. 알아두기(교과서 80쪽)를 보면 '문장의 짜임새'와 '내용 조직'을 연계시키면서 '말을 할 때'와 '글을 쓸 때' 모두를 고려한 내용이 기술되어 있다. 학습 목표 ①과 ②가 모두 관련된다.

**알아두기**

문장의 짜임새와 내용 조직

말을 하거나 글을 쓸 때 내용을 효과적으로 조직하고 표현하려면 말과 글을 이루는 가장 기본 단위인 문장 하나하나가 효과적인 짜임이어야 한다.

효과적으로 내용을 조직하고 전개하기 위해 문장을 짧게 나누어 쓰기도 하고, 여러 문장을 결합하여 쓰기도 한다. 안은 문장을 쓰면 두 단위의 생각이 일원화되는 간결성의 효과가 있고, 전달하려는 내용을 집약적으로 표현하여 탄력적이고 집중력 있는 문장이 되기도 한다. 그렇지만 여러 개의 안긴 문장을 포함하는 경우에는 말이나 글이 복잡해져서 정확한 의미 전달이 어려워지기도 한다. 특히 말로 표현할 때 아무리 일관성을 잃지 않는다 해도 청자들이 혼동하기 쉽다.

(교과서 80쪽)

학습 활동

1. 필자가 생각하는 가장 이상적인 민주주의는 어떤 것인지 말해 보자.
2. '내가 원하는 우리 민족의 사업은 ~ 나는 확신하는 바다.'의 한 문단을 대상으로 나음 활동을 헤 보자.
   (1) 모든 문장을 홑문장으로 바꾸어 보자.
   (2) 원래 문장의 짜임새와 비교한 뒤, 효과적으로 내용을 조직하고 의미를 전달하는 데 어떤 문장의 짜임이 더 좋은지 비교해 보고, 그 이유를 말해 보자.

(교과서 81쪽)

### 2) 제재 선택의 논리 추적하기

'제재'는 국어과 교사가 가장 중요하게 여기는 요소라고 할 수 있는데, 국어과적 정체성을 담보하는 대표적인 요인이기 때문이다. 그리하여 국어과 교사는 해당 제재의 적절성과 부적절성을 판단한 후 교과서를 재구성하곤 한다. 그러나 '제재의 적절성'을 판단하고자 할 때 '기준'을 명확히 해야 한다. 즉, 교사가 대면한 수업을 실행하기 이전에 교과서를 재구성하고자 할 때의 '기준'과, 교과서 편찬자가 교육과정 상세화 작업을 거쳤는지 역추적할 때의 '기준'이 다르디.

거듭 강조하지만, 이 책에서는 '교과서 재구성 차원'을 논의하지 않고 단지 '교육과정 상세화를 역추적'하는 작업만 수행한다. 그렇기에 '제재의 적절성'을 판단한다는 것은 교사 개개인의 판단이 개입하는 차원을 포함하지 않으며 '교과서 편찬자가 교육과정 상세화에서 상세화한 학습 목표에 적절한 제재를 선택한 논리'를 의미한다. 즉, "교과서 편찬자가 교육과정 상세화에서 각 제재를 선택하는 논리는 '그 제재가 교과서 학습 목표를 표상하고 있는가'이다."라는 명제를 역추적하는 것이다.

여기에서 학습 목표 ②를 경계로 소단원 (1)과 (2)가 연계되어 있다는 서술을 상기하자. 이것은 학습 목표 ①과 ②는 소단원 (1)에서 좀 더 초점을 두고 있으며, 학습 목표 ②와 ③은 소단원 (2)에서 초점을 두고 있다는 말로 설명할 수 있다.

소단원 (1)의 제재 '용소와 며느리 바위'가 학습 목표 ①을 어떻게 표상하고 있는지 교과서 편찬자의 논리를 추적해 보자. 내용 조직의 일반 원리는 '단계성, 통일성, 일관성'인데, 교과서 편찬자는 이 제재와 어떤 관련성을 지니고 있다고 생각했을까?

국어과 현장의 경험으로만 판단하면 이 제재가 학습 목표를 달성하는 데 부적절하다는 판단이 나올 가능성이 높다. 언뜻 보면 이 제재는 내용 조직의 일반 원리 세 가지를 모두 '어기고 있다'고 볼 수 있다. 이 제재는 '처음-중간-끝'을 나누기 어렵고, 무엇에 대해 말하고 있는지 끝까지 읽어야 제대로 알 수 있기 때문이다. 텍스트 생산자가 생산 과정에서 '단계성, 통일성, 일관성'을 명확히 계획하거나 고려하지 않았을 것이라는 판단이 보편적이다.▸5 국어과 현장에서 '내용 조직 일반 원리 세 가지를 어긴' 텍스트로 '내용 조직 일반 원리 세 가지'를 가르쳐야 한다는 것은 어색할 수밖에 없다.

원론적으로 고려한다면 다음 두 가지 경우 중 어느 편이 목표 달성에 효과적일까?

**사례에서 이론으로**

5 판단이 여기에 머문다면 교과서 편찬자의 의도를 결국에는 파악하기 어렵다. 현 단계에서는 자신과 완전히 다른 의견이라는 생각이 들지라도 끝까지 이해하려 해 본다.

(가) 내용 조직의 일반 원리를 제대로 지킨 텍스트를 학습자에게 보여 주는 것
(나) ('용소와 며느리 바위'처럼) 내용 조직의 일반 원리를 어긴 텍스트를 학습자에게 보여 주는 것

(가)에는 교과서 제재는 흠결이 없는 정전이어야 한다는 관점이 전제되어 있다. 흠결이 없는 정전을 반복적으로 학습하고 모방함으로써 학습 목표가 달성된다. 반면 (나)에는 교과서 제재는 반드시 정전이어야 할 필요는 없다는 관점이 전제되어 있다. 학습자는 내용 조직의 일반 원리를 어긴 텍스트를 대상으로 하여 적절한 조직으로 바꾸는 활동을 해 봄으로써 궁극적으로 학습 목표를 달성할 수 있다. 교과서 편찬자는 아마 (나)와 같은 논리로 '용소와 며느리 바위'를 선택했을 것이다.

만약 학습 활동과의 관련성을 파악하지 못한 채 (가) 또는 (나)와 같이 판단했다면 해당 교과서의 특성, 즉 '목표 중심 교과서관'을 간과한 셈이 된다. 그러므로 일차적인 판단 기준인 '학습 목표와의 조회'를 넘어 최종적으로는 '일련의 학습 활동'들과의 조회를 통해 제재 선택 논리를 좀 더 명확히 역추적해야 한다.

**제재 선택의 논리 역추석**

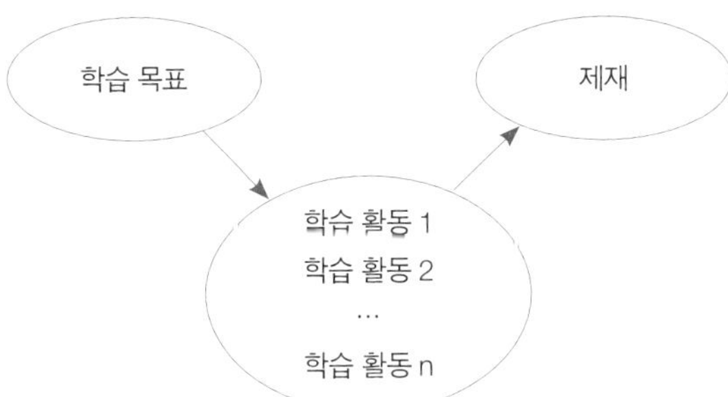

(1) 활동 하나하나를 점검함으로써 제재 선택의 논리 역추적하기

우선 첫 번째 활동부터 조회해 보자. 이 학습 활동은 제재가 내용 조직의 일반 원리에 벗어남을 전제로 한다. 즉, 학습자가 보기에 별로 일목요연하지 않은 텍스트를 굳이 '처음-중간-끝'을 파악하도록 한 것이다. 내용 조직 단계를 파악하기가 어려움을 실제 활동으로 학습자 스스로 알게 하는 데 목적이 있는 것이다. 이 교과서가 목표 중심, 활동 중심 교과서라는 점을 거듭 상기하자. 그러니까 '처음-중간-끝'이 정확히 어디인지 굳이 정답에 도달할 필요도 없고 사실 정답도 없다. '이 글은 단계 파악이 어렵다'는 사실만 확인하면 된다.

그다음에 제시된 두 번째 활동을 살펴보자. 학습자 스스로 제재를 재구성하도록 하는 활동이다. 역시 텍스트 재구성의 필요성을 전제하고 있다. '재구성을 하면서 학습자들이 접속어나 지시어 사용에 주목해야 한다는 점'을 학습 활동 발문에서 암시하고 있다. 이때 교사는 학습자들에게 알아두기를 '지식'으로 활용하여 활동하도록 하고 활동 과정에서 접속어나 지시어가 텍스트에서 어떤 기능을 하는지를 학습 목표와 관련해 상기시켜야만 학습자가 이 활동이 대단원 학습 목표와 어떻게 연계되는지 인식할 수 있다.

세 번째 학습 활동은 제재를 '신문 기사'로 바꾸도록 하고 있다. 소단원 (1) 제재는 신문 기사와 비교해 볼 때 텍스트의 성격이 완전히 다르다. 어떤 면이 다를까? 판단하기 어려울 때에는 철저히 '학습 목표'를 자세히 분석해야 한다. 거듭 강조하듯이, 이 교과서는 목표 중심, 활동 중심 교과서이기 때문이다. 두 번째 학습 목표에서는 '말'과 '글'을 묶어 내용 조직 원리를 파악하도록 하고 있다. 따라서 '신문 기사'는 '글'에 해당하는 텍스트, '본문 제재'는 '말'에 해당하는 텍스트로 간주하고 있다.

(2) 학습 활동 전체 구조를 조회함으로써 제재 선택의 논리 역추적하기

지금까지 개개의 학습 활동만 조회했다. 유의할 점은 하나의 활동만으로 제

재 선택의 논리를 섣불리 판단해서는 안 된다는 것이다. 학습 활동은 서로 긴밀히 연계되어 소단원 학습 목표를 완성하기 때문에 일련의 학습 활동 모두를 조회해야 한다. 즉, '학습 활동 전체 구조'를 종합적으로 조회하면 그 논리가 다르게 해석될 수 있으므로 종합적 판단 절차가 필요하다. 이 소단원은 특히 그러한 절차가 필요하다.

교과서 71쪽의 활동에서 소단원 (1) 제재가 '내용 조직의 일반 원리를 어긴' '잘못된' 텍스트로 간주된다고 지적했다. 그런데 교과서 74쪽 활동에서는 '말'을 대표하는 텍스트로 간주되고 있으니 '잘못된' 텍스트는 아니라고 간주하는 것이다. 그렇다면 이 두 관점은 충돌되는 것은 아닐까? 사실 한 교과서 내에서 제재에 대한 관점, 활동에 대한 관점, 대단원의 구성 원리 등은 모두 일관되어야 한다. 하물며 하나의 소단원 내에서 제재에 대한 관점이 바뀔 리가 없을 것이라고 가정하고 계속 논리를 추적해야 한다.

제7차 고등학교 국어 교과서의 머리말, 즉 '일러두기'에는 제재관을 확인할 수 있는 다음과 같은 구절이 있다.

> 이 교과서는 통합적 교수·학습을 지향하고 있으므로 선정된 제재는 교육과정의 목표와 내용을 통합적으로 실현하기 위한 활동 자료로 활용해야 한다. 다만, 각 제재는 그 나름의 특성을 지니고 있고, 또 제재 중에는 국어 문화 역사상 의의가 큰 것이 많으므로 이에 대한 이해를 바탕으로 하여 교육과정 목표를 달성할 수 있도록 교수·학습을 조직할 필요가 있다.

그러니까 일차적으로 이 교과서는 '목표에 적합한 제재'를 우선적으로 택했으나, 그렇다고 해서 한국어 텍스트로서 '흠결'이 있는 제재를 선택한 것은 아니라는 말이다. 이렇게 되면 편찬자는 교과서 71쪽 학습 활동을 다음과 같은 논리로 구성했을 것으로 이해하게 된다.

내용 조직의 일반 원리를 기술한 알아두기는, 그야말로 '일반 원리'에 해당하는 것이다. 그러므로 소단원 (1)의 제재는 '일반 원리'를 '어겼다'고 보기보다는 '일반 원리를 전형적으로 적용할 수 있는 장르적 특성을 지니고 있지 않다.'고 보는 것이 옳다. 소단원 (1) 제재는 '말'을 하는 상황이고, 그것도 '공식적'인 상황을 전제로 하고 있는 것이 아니고, 어떻게 보면 처음-중간-끝이라는 단계가 명확하게 드러나고 일목요연하게 말하면 흥미가 떨어지는, 그러한 특수성을 지닌 장르이다. 그러므로 교과서 71쪽 학습 활동에서 소단원 제재의 텍스트적 가치를 폄하하지 않고 교수 · 학습 활동을 수행하도록 유의해야 한다.

지금까지 탐구한 내용을 정리해 보자.
소단원 (1) 제재는 다음 모든 준거를 만족하도록 선택되었다.

첫째, 학습 목표와 연관성을 준거로 할 때
둘째, 각 학습 활동이 목표를 실현하도록 도와주는지를 준거로 할 때
셋째, 학습 활동 전체 구조를 준거로 할 때
넷째, 교과서 전체의 제재관을 준거로 할 때

그렇다면 소단원 (2) 제재는 어떨까? 김 선생님은 소단원 (1)보다 소단원 (2) 제재에 대해 더 많이 걱정했다. '재미없다'라는 이유에서였다. 그런데 '재미없다'는 표현은 주로 제재의 '내용'에 해당하는 기술이다. 이제 눈치 채겠지만, 이 대단원의 학습 목표 ①, ②, ③이 서로 연계되도록 하는 특성은 '말다운 텍스트냐 글다운 텍스트냐'라는 제재의 장르적 성격에서 비롯한다고 할 수 있다. 그렇다면 다음과 같은 소결론을 내릴 수 있을까?

(다) '용소와 며느리 바위'를 '말다운 텍스트' 쪽이라 본다면 '나의 소원'은 '글다운 텍스트'이다.

사실 편찬자가 큰 고민 없이 제재를 선택하려 했다면 '구어 텍스트의 전형적 특성을 보여주는 제재', '문어 텍스트의 전형적 특성을 보여주는 제재'를 택했을 것이다. 그런데 (다)처럼 진술해 놓고 보니 좀 이상하기도 하다. '용소와 며느리 바위'는 사실 '말의 전형'이라고 보기 어렵기 때문이다. 그야말로 특정한 상황 맥락이 전제되어 생산된 것이다. '나의 소원'도 '글다운 텍스트의 전형'이라고 보기 어렵다. 어찌 되었든 구어로 실현되어야 한다. 소단원 (1)의 학습 활동에서 '신문 기사' 언급이 있었음을 상기하자. 신문 기사와 비교하면 '나의 소원'은 좀 더 '구어적인 텍스트'이다. 교과서 편찬자는 왜 '연설문'을 선택했을까? (다)를 다음과 같이 수정할 수 있다.

(라) '용소와 며느리 바위'는 비록 전형적인 구어 텍스트는 아니지만, 이 대단원에서는 '말다운 텍스트'로서 다루고 있으며, '나의 소원'은 전형적인 문어 텍스트도 구어 텍스트도 아닌 그 중간자적 장르 성격을 지닌 텍스트로서 다루어졌다.

이제 해당 대단원 제재 선택의 논리에 대해 종합적으로 판단해 보자. 교재 편찬자의 생각은 아마 다음과 같을 것이다.

- 학습 목표를 달성하도록 하는 데 가장 중요하게 여겨야 할 키워드는 '말', '글'이다.
- 10학년 수준은 '전형적인 구어 텍스트', '전형적인 문어 텍스트'를 이미 많이 접했다.

- 해당 학습 목표를 '학습 활동'으로만 달성할 수도 있지만, 본문의 제재 특성을 이해함으로써도 달성할 수 있도록 하고 싶다.
- 소단원 두 개 제재를 중간자적 장르 특성을 지닌 것으로 선정하고 '전형적 텍스트'는 학습 활동에서 제시함으로써 다양한 장르를 관통하는 '내용 조직의 일반 원리'를 익히는 동시에 다양한 장르에 따라 달라지는 내용 조직의 원리도 이해할 수 있도록 했다.

## 4. 원리의 재확인

이 장에서는 편찬자의 교육과정 상세화 작업이 학교 현장에 충분히 공감이 되지 않을 정도로 함축적이었던 대단원을 대상으로, 교육과정 상세화 작업을 상세히 역추적해 보았다. 더 이상 유통되지 않는 교과서이지만 최근의 검정 교과서들보다 상세화 과정을 추적하는 작업이 훨씬 어렵기에, 이 장의 사례로 선택하였다. 이러한 사례를 통해 교과서 상세화 작업을 역추적하고 이를 통해 교과서를 이해하기 위한 핵심 원리와 그 구체적 방법을 확인할 수 있었다.

**핵심 원리**

학습 목표가 제재나 활동의 의미를 이해하는 거점임을 이해하고 파악할 수 있어야 한다.

**구체적 방법**

- 각 학습 활동을 분석하되 대단원 학습 목표를 어떻게 표상하고 있는지 그 의미를 파악해 본다.

- 각 학습 활동의 목표를 정확히 이해함으로써 활동의 연계성, 소단원의 연계성, 대단원 학습 목표의 연계성을 파악해 본다.
- 제재 선택의 논리, 활동 구성의 논리를 대단원 학습 목표를 이해하는 과정과 함께 판단해 본다.

이상과 같은 원리와 방법은 교육과정 상세화의 산물인 교과서를 이해할 수 있는 핵심 지식으로서, '맥락화된 이론'으로서 실제성을 띠어야 하는 교과서 이론의 중요한 부분을 이룬다 할 수 있다.

# III

# 성취 기준의 의미가 학습 목표 간 연계를 통해 구체화됨을 이해하기

## 1. 사례 안내

이번 사례는 제7차 고등학교 국어(하) 교과서(교육인적자원부, 2002)의 마지막 대단원 '전통과 창조'이다.

이 대단원은 두 개의 소단원으로 이루어져 있고 학습 목표는 다음 세 가지이다.

① 우리 문화의 전통을 창조적으로 계승, 발전시키는 능력과 태도를 기른다.
② 전통의 창조적 계승을 위해 창의적으로 표현하는 태도를 기른다.
③ 전통을 창조적으로 계승함으로써 국어를 발전시키려는 태도를 기른다.

소단원 (1)의 제재는 '춘향전'이며, 소단원 (2)의 제재는 '건축과 동양정신'이다. '건축과 동양정신(김수근 저)'은 환경 문제를 해결하기 위한 건축 방향을 우리의 전통적 공간 개념에서 찾고자 하는 문제 의식을 바탕으로 전통적 공간 개념인 '네거티비즘'이 어떻게 우리 삶 안에 녹아 있는지 살펴보는 중수필 성격의 글이다. 단원의 전체 체재와 각 소단원의 활동 내용은 다음과 같다.

| 단원 체재 ▶1 | 활동 내용 |
| --- | --- |
| 단원의 길잡이 | 단원의 성격 및 목표 안내 |
| 준비 학습 | 대중가요 '흥보가 기가 막혀'의 가사를 읽고, 소설 '흥부전' 및 판소리 '흥보가'에서 해당 부분 찾아 읽어 본 후 공통점과 차이점 찾기 |
| 소단원 (1) | • '등 밀쳐 내니 어찌 아니 명관인가'라는 구절의 속뜻과 표현 효과 탐구하기<br>• 이몽룡이 지은 시의 주제 및 그에 담긴 인간 존중의 전통 설명하기<br>• 마음에 드는 표현을 골라 해당 표현법을 모방하여 자신의 상황 표현해 보기<br>• 작품에 나타난 표현 중 하나를 모방하여 주변 상황이나 행위 표현해 보기<br>• '춘향전'을 변형하여 만든 작품들 조사하여 비교해 보기 |
| 소단원 (2) | • 이 글에 나타난 한국적 공간 개념의 특징을 파악하고 그 사상적 근거 정리하기<br>• 이 글에서 전통을 바라보는 방식을 파악하고 토론하기<br>• 이 글에서 주요하게 언급되고 있는 공간 개념들이 공통적으로 갖는 특징을 파악하고 궁극적인 지향점 탐색하기<br>• 인간애의 전통이 주제 의식과 어떻게 연관되는지 설명하고, 자신이 읽은 문학 작품 중 하나를 골라 인간애의 전통을 중심으로 작품의 가치 논해 보기 |
| 단원의 마무리 | 단원 내용 정리하고 학습 내용 점검하기 |
| 보충 활동 | • '우리의 미술'을 읽고 한국 미술의 특징을 정리한 후 이를 '건축과 동양정신'의 내용과 연계하여 생각해 보기<br>• 우리 문화의 특징을 설명하는 여러 견해를 조사하고 이를 바탕으로 우리가 계승해야 할 전통에는 어떤 것들이 있는지 발표해 보기 |
| 심화 활동 | • '조침문'을 읽고, 필자의 상황과 심정 파악한 후 이 글의 형식을 모방하여 이와 유사한 자신의 경험을 글로 표현해 보기 |

## 2. 김 선생님의 교과서 재구성

김 선생님은 이 대단원의 수업 준비를 하면서 몇 가지 난관에 부딪혔다.

김 선생님의 첫 번째 고민은 학습 목표가 너무 추상적인 데다 세 개의 학습 목표 간의 상관성이 모호하다는 것이다. 세 가지 학습 목표는 표면적으로 엇비슷하여 어찌 보면 동어반복인 것 같다. 구체적으로 들여다보면 우리 문화의 전통은 무엇이며 그러한 전통을 창조적으로 계승한다는 것이 무슨 의미이며 어떻게 가능한지, 특히 전통의 창조적 계승과 창의적 표현 및 이를 통한 국어의 발전은 서로 어떻게 연관되는지 도통 명확하지 않다. 그리하여 교육과정에서 서로 다른 영역에 속해 있으면서 서로 연관되어 보이는 성취 기준 세 개▸2가 결합되는 과정에서 이러한 학습 목표가 설정된 것으로 보고, 학습

**사례에서 이론으로**

1 교과서 단원은 일정한 원리에 의해 체계적으로 구성되어 있으며 이는 특정 교수 · 학습 방법이나 당시 교육과정의 정신과 관련된다. 주지하듯, 제7차 국어과 교육과정은 수준별 교육과정을 지향하였던 까닭에 표에서 보듯 소단원 학습 뒤에 '보충 · 심화 활동'을 제시하는 단원 체재가 확인된다. 한편 교과서 단원의 구성은 교수·학습 방법과도 긴밀히 연관되어 있다. 교과서는 수업을 매개하는 도구인 까닭에 학습 목표를 효과적으로 달성할 수 있는 특정 교수 · 학습 모형을 원용하여 구성되기 마련이다. 교과서 체재와 교수 · 학습 방법의 관계에 대해서는 최미숙 외(2012: 69-74)의 논의를 참고할 수 있다.

이런 점에서 교과서의 단원 체재는 단순히 내용을 구성하는 외적인 형식이 아니라 국어 교육과정의 정신과 국어교육학 이론(특히 교수·학습 모형)이 반영된 산물이라 할 수 있다. 그러므로 교과서를 탐구할 때에는 단원 체재를 주요하게 살피고 단원 체재에 반영된 의도를 이론적으로 분석하고자 하는 태도를 견지할 필요가 있다. 국어 교과서 단원 체재에 구체화된 국어교육학 이론의 특성에 대해서는 이 책의 2부 1장에서 상세히 다루고 있으니 참고하도록 한다.

2 이 대단원의 학습 목표 세 가지는 다음과 같은 교육과정 성취 기준이 구체화된 것이다.

| | |
|---|---|
| 〔쓰기-(6)〕 | 창의적으로 글을 쓰려는 태도를 지닌다. |
| 〔국어지식-(8)〕 | 국어를 발전시키려는 태도를 지닌다. |
| 〔문학-(7)〕 | 한국 문학의 전통을 창조적으로 계승, 발전시키려는 태도를 지닌다. |

목표 자체의 의미나 이들 학습 목표 간의 관계에 주목하기보다는 일단 교과서에 제시된 구체적인 제재와 활동 중심으로 수업을 진행하기로 했다.

김 선생님의 두 번째 고민은 다음과 같았다. 세 가지 학습 목표의 관계나 의미는 명확하지 않지만 상호 연관되어 있는 듯 보이는 데 비해, 소단원 (1)과 (2)의 제재 두 편의 성격이 너무 달라서 두 편이 같은 대단원 안에 묶여 있는 것이 잘 이해가 되지 않았다. 특히 소단원 (1)은 우리 문학사의 대표적 작품이므로 소단원의 제재로서 크게 무리가 없어 보였으나, 우리의 전통적 공간 개념과 이를 둘러싼 사상을 소개하는 데 주력하는 소단원 (2)의 제재는 소난원 (1)의 제재보다 아무래도 중요성이 떨어진다는 판단이 들었다. 더욱이 글의 길이가 매우 길고 다루는 내용 또한 다소 난해하여 학생들을 집중시키기 어려워 보였다. 그래서 소단원 (2)의 제재는 전통적 공간 개념을 파악하고 그에 담긴 사상과 정신을 이해하는 데 초점을 두어 최대한 간소하게 다루기로 했다.

김 선생님의 세 번째 고민은 각 소단원의 활동들이 학습자에게 어떤 의미가 있으며 이들 활동 간의 관계가 무엇인지 명확히 파악되지 않는다는 점이었다. 어떤 활동은 학습 목표인 '전통의 창조적 계승'과 관련 있어 보이고

**사례에서 이론으로**

즉, 이 단원은 '쓰기', '국어지식', '문학'의 세 영역의 성취 기준이 하나의 대단원 안으로 통합되어 학습 목표로 구현된 사례라 할 수 있다. 이는 이 시기 국어 교과서가 지향하는 정신과도 관련 있다. 해당 교과서 '일러두기'에는 다음과 같이 그 정신을 서술하고 있다.

> ⑶ 통합적 교수 · 학습을 지향하는 교과서
> (전략) 지적 능력과 교양을 바탕으로 한 국어 활동 능력은 국어교육의 내용 영역을 통합한 학습에서 향상될 수 있다. 이를 위해 이 교과서는 듣기, 말하기, 읽기, 쓰기, 국어 지식, 문학으로 나뉘어 있는 총 37개의 학습 내용을 서로 관련 있는 것끼리 묶어 대단원 단위로 목표의 통합, 영역의 통합, 내용의 통합을 지향하였다(교육인적자원부, 2002 : 2).

이러한 통합의 정신은 학습 목표 분석을 통해 통합의 의도를 명확히 인지할 수 있을 때 비로소 구현될 수 있다는 점을 고려하여, 이하에 제시될 김 선생님의 교과서 재구성과 교육과정 상세화 역추적 과정을 살펴보도록 한다.

어떤 활동은 그렇지 않아 보였다. 즉, 어떤 활동은 단순히 제재의 내용을 파악하는 활동처럼 보였다. 학습 활동의 의미를 파악하고자 해당 단원에서 배워야 할 핵심 내용을 정리한 '알아두기'▶3를 살펴보았지만, '알아두기' 역시 추상적인 진술로 일관되어 있어 크게 도움이 되지 않아서, 적지 않은 학습 활동 중에서 어떤 것에 초점을 두어야 할지 판단 내리기 어려웠다. 그래서 일단 '알아두기'를 최대한 고려하여 '인간 존중'이나 '인간애' 등 작품이나 글에 드러난 우리 문화의 사상 및 전통을 찾아보는 활동에 주목하기로 했다('알아두기'의 구체적 내용은 다음 절 참고). 즉, 소단원 (1)에서는 작품에 나타난 인간 존중의 전통을 이해하는 활동에, 소단원 (2)에서는 글에 나타난 전통적 공간 개념과 그

**사례에서 이론으로**

3 제7차 고등학교 국어 교과서는 '활동 중심 교과서'를 지향하여 제재 중간에 '알아두기'를 두어 학습활동의 수행에 요구되는 개념 및 방법적 지식을 습득하도록 하고 있으며('알아두기'에 대해서는 88쪽의 '사례에서 이론으로' 참고), 학습 활동 역시 제재 중간에 배치하여 글을 읽어 가면서 필요한 활동을 하도록 의도하고 있다. 이는 최미숙 외(2012: 75)에서도 지적했듯, 학습자의 '읽기 과정'을 중시하여 읽기 중 활동을 보다 강화하고자 한 선택이라 할 수 있다.

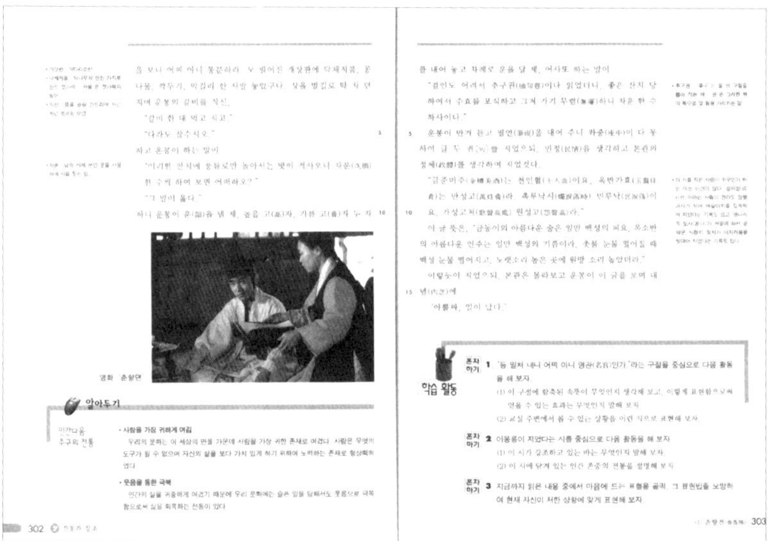

것의 바탕이 된 사상을 파악하는 활동에 초점을 맞추기로 했다. 그 외의 활동들은 오히려 학습 목표 달성에 방해가 된다고 판단하고 무시하기로 했다.

김 선생님의 교과서 재구성 방식을 도식화하여 제시하면 다음과 같다.

■ 김 선생님의 교과서 재구성 방식 도식

1) 목표 재구성: 학습 목표가 추상적이며 세 가지 목표 간의 관련성이 명확하지 않음. → 학습 목표의 의미를 상세히 분석하는 것을 하지 않기로 함.
2) 제재 재구성: 학습 목표 표상과 관련할 때, 소단원 (1)에 비해 (2)의 제재가 중요성이 떨어질 뿐만 아니라 지나치게 길고 내용도 난해함. → 소단원 (2)의 제재는 해당 글이 다루고 있는 전통적 공간 개념과 사상 부분, 즉 내용 파악에 중심을 두고 간소화하기로 함.
3) 활동 재구성: 학습 목표 표상과 관련하여 학습 활동들의 층위가 제각각임. → 소단원 (1)과 (2)에서 '인간 존중', '인간애' 같은 우리 문화의 전통과 사상에 명시적으로 주목하고 있는 활동을 택해 이를 중심으로 수업을 진행하고 나머지 활동들은 소략히 처리하기로 함.

## 3. 교육과정 상세화 작업 역추적

김 선생님의 세 가지 고민은 사실상 긴밀히 연결되어 있다. 세 가지 고민은 결국 이 대단원에서 제시된 세 가지 학습 목표의 의미와 관계가 명확하지 않은 데서 기인한 것이다. 이들 세 가지 학습 목표의 의미 또는 교육과정적 의의는 교육과정 해설서 등에서 일부 확인할 수 있으나, 이들 세 가지 성취 기준이 하나의 대단원 안에서 세 가지 학습 목표로 서로 연관되어 설정되는 과정에서 새롭게 '출현'하는 의미는 교과서에 구현된 제재와 활동, 알아두기를 통해 짐작할 수밖에 없다. 그러므로 우선 교과서의 제재와 활동을 철저하게 분석함으로써 역으로 학습 목표의 의미와 교과서 편찬자의 의도를 충분히 파악할 필요가 있다. 이러한 과정을 거친 다음에야 학습 목표의 의미에 대해 보다 논리적이고 적확한 판단이 이루어질 수 있다.

### 1) 활동 분석을 통한 학습 목표의 의미 추적하기

김 선생님의 첫 번째 고민부터 살펴보자. 사실 첫 번째 고민은 나머지 두 가지 고민을 아우르는 성격을 지닌다. 첫 번째 고민만 제대로 해결된다면 나머지 고민은 자연스럽게 해결될 수 있다. 제7차 고등학교 국어 교과서는 '목표'를 먼저 설정하고 그에 따라 '제재' 및 '활동'을 구성하는 '목표 중심 교과서관'▸4을 견지하고 있다. 우선 교과서 편찬자의 입장이 되어 생각해 보자.

이 대단원은 학습 목표별로 소단원을 배당하여 구성한 체재가 아니라 세 가지 학습 목표가 공히 소단원 (1)과 (2)를 통해 달성되도록 구성한 체재로 보인다. 이는 첫 번째 학습 목표인 '① 우리 문화의 전통을 창조적으로 계승, 발전시키는 능력과 태도를 기른다.'가 나머지 학습 목표 ②, ③을 포괄하는 목표처럼 보인다는 점, 학습 목표 ②와 ③이 공히 전통의 창조적 계승을 국어의 문제로 좁혀 다루고 있다는 점에서 그러하다. 그러므로 이를 염두에 두고 소단원별로 순차적으로 학습 활동을 살펴보도록 한다.

**사례에서 이론으로**

4 '목표 중심 교과서'에서는 대개 대단원명에서부터 단원 목표를 명시적으로 드러내긴 하지만, 학습 목표의 의미는 구체적 활동과 제재를 통해 구체화되고 확정된다. 따라서 학습 목표의 의미를 구체화하려면, 어떤 활동을 어떻게 구성하였는지, 어떤 제재를 선택하였는지 그 논리를 추적할 필요가 있다.

소단원 (1)에는 총 다섯 개의 학습 활동이 제시되어 있는데, 그 성격에 다소 차이가 있다.[5] 이를 크게 다음과 같이 두 가지 부류로 나누어 볼 수 있다. 이하에서는 교과서에서 제시된 순서와 상관없이, 그 성격과 의미에 따라 학습 활동을 범주화하여 제시하였다(그 이유에 대해서는 뒤에서 언급할 것이다).

부류 ①

> **학습 활동 1**
>
> 이몽룡이 지었다는 시를 중심으로 다음 활동을 해 보자.
> (1) 이 시가 강조하고 있는 바가 무엇인지 말해 보자.
> (2) 이 시에 담겨 있는 인간 존중의 전통을 설명해 보자.
>
> (교과서 303쪽 2번)

부류 ②

> **학습 활동 2**
>
> "등 밀쳐 내니 어찌 아니 명관(名官)인가."라는 구절을 중심으로 다음 활동을 해 보자.
> (1) 이 구절에 함축된 속뜻이 무엇인지 생각해 보고, 이렇게 표현함으로써 얻을 수 있는 효과는 무엇인지 말해 보자.
> (2) 교실 주변에서 볼 수 있는 상황을 이런 식으로 표현해 보자.
>
> (교과서 303쪽 1번)

**사례에서 이론으로**

5 활동 구성의 논리를 추적하려면 활동이 표상하고 있는 내용을 살펴볼 필요가 있다. 즉, '이 활동에서는 무엇을 하기를 요청하는가, 그리고 이를 통해 궁극적으로 학습자가 무엇을 알기를, 무엇을 할 수 있기를 기대하는가'라는 문제 의식을 중심으로 활동을 살펴볼 필요가 있다.

학습 활동 3

다음 표현 중에서 하나를 모방하여 주변의 상황이나 행위를 표현해 보자.

- 인궤 잃고 과줄 들고, 병부 잃고 송편 들고, 탕건 잃고 용수 쓰고, 갓 잃고 소반 쓰고, 칼집 쥐고 오줌 누기.
- 문 들어온다, 바람 닫아라. 물 마른다, 목 들여라.
- 층암절벽 높은 바위 바람 분들 무너지며, 청송녹죽 푸른 남기 눈이 온들 변하리까?

(교과서 309쪽 1번)

학습 활동 4

지금까지 읽은 내용 중에서 마음에 드는 표현을 골라, 그 표현법을 모방하여 현재 자신이 처한 상황에 맞게 표현해 보자.

(교과서 303쪽 3번)

학습 활동 5

'춘향전'을 변형하여 만든 작품들에는 어떤 것이 있는지 조사하여 서로 비교해 보자.

(교과서 309쪽 2번)

첫 번째 활동(교과서 303쪽 2번)은 작품 속 등장인물이 지은 한시의 내용과 주제를 파악함으로써 그것에 담긴 우리 문화의 전통인 '인간 존중' 사상을 확인하는 활동으로, 작품의 '내용이나 주제'로 구현된 사상 및 정신으로서의 전통에 주목하는 활동이다. 이는 나머지 네 가지 활동과는 성격이 다소 다르다. 뒤이어 제시되는 네 가지 활동은 작품의 내용이나 주제가 아닌 '표현'에 주목하고, 그러한 표현의 모방, 변형 활동을 통해 독특한 표현법을 전통적 자산의 하나로 보고 그것의 활용을 요청하는 활동이다. 이렇게 보면 교과서 편찬자는 '우리 문화의 전통'을 우리 문학 작품에서 구현하고 있는 사상 또는 정서(부류 ①)와 우리 문학 작품에서 확인할 수 있는 독특하고 고유한 표현법(부류 ②)이라는 두 층위로 설정하고, 특히 후자와 관련하여 그러한 표현법을 오늘날의 국어생활 속에서 적극적으로 모방·활용하는 것을 전통의 계승 방법 또는 태도로 간주하고 있음을 알 수 있다.

이러한 관점은 '알아두기'▸6에서도 어느 정도 확인할 수 있다.

**알아두기**

인간다움 추구의 전통

- 사람을 가장 귀하게 여김
  우리의 문화는 이 세상의 만물 가운데 사람을 가장 귀한 존재로 여겼다. 사람은 무엇의 도구가 될 수 없으며 자신의 삶을 보다 가치 있게 하기 위하여 노력하는 존재로 형상화하였다.
- 웃음을 통한 극복
  인간의 삶을 귀중하게 여겼기 때문에 우리 문화에는 슬픈 일을 당해서도 웃음으로 극복함으로써 삶을 회복하는 전통이 있다.

(교과서 302쪽)

**알아두기**

전통의 창조적 계승을 위한 방법

민족 문화의 전통은 우리가 살아가는 방식이므로, 그것을 함께 지닐 때에 민족의 일원으로서 사격을 갖추게 된다. 전통의 공유를 바탕으로 각자가 그것을 지속시키거나, 변형하거나, 새로운 창조의 계기로 삼거나, 아니면 적극적으로 부정하는 방법에 의하여 창조적으로 계승할 수 있다.

(교과서 308쪽)

비록 추상적 진술로 일관되고 있기는 하나, 첫 번째 알아두기(교과서 302쪽)에서는 우리의 전통 사상인 '인간다움 추구' 정신을 유의미하게 계승해야 할 전통의 내용으로 제시하고 있다는 점에서 활동 부류 ①과 직접 관련되며, 두 번째 알아두기(교과서 308쪽)에서는 전통의 창조적 계승의 방법으로 전통의 지속·변형·부정 등을 소개하고 있어 활동 부류 ②와 연관됨을 알 수 있다.

그렇다면 다음과 같은 의문이 떠오를 수 있다. 이 두 가지 부류로 전통을 설정한 이유는 무엇이며, 이들 두 부류는 어떻게 서로 관련되는 것일까? 이와 관련해서 다시 첫 번째 알아두기(교과서 302쪽)와 두 번째 활동(교과서 303쪽 1번)을 구체적으로 살펴보자.

첫 번째 알아두기에서는 '인간다움 추구의 전통'을 설명하면서 '사람을 가장 귀하게 여기는 것'과 '웃음으로 난관을 극복하고자 하는 것', 두 가지를 언급하고 있다. 그중 웃음으로 난관을 극복하고자 하는 태도는 인간다움을 잃지 않으려는 우리 고유의 전통적 정서인 동시에 그러한 정서가 해학적·풍자적 언어 표현으로 문학 작품 속에서 두드러지게 구현된다는 점에 주목할 필요가 있다. 결국 웃음으로 난관을 극복하고자 하는 인간다움 추구의 전통은 언어 표현에 스며들어 있으며, 언어 표현의 속뜻과 효과를 따져 보고 이를 모방·변형하는 활동은 단순히 표현법의 모방과 활용에 그치는 것이 아니라 우리 문화의 사상적 전통을 이어받는 행위이기도 하다는 점에서 부류 ①과 ②는 궁극적으로 연계되어 있다고 할 수 있다. 그 명시적 고리가 바로 두 번째

**사례에서 이론으로**

6 교과서에서는 해당 단원을 통해 학습자가 배워야 할 내용을 명제의 형태로 진술하여 제시하는 경우가 있다. 특히 명제적 지식은 이러한 방식을 많이 택하며, 간혹 방법적 지식이나 태도 같은 것들도 명제의 형태로 진술되곤 한다. 이렇게 진술된 교육 내용은 비록 추상적이나마 해당 단원에서 학습해야 할 내용이 무엇인지 명확히 알려주는 역할을 하기 때문에 학습 목표가 추상적이거나 학습 활동이 표상하는 내용이 무엇인지 파악하기 어려울 때 참고할 필요가 있나. 제7차 고등학교 국어 교과서에서는 이러한 내용을 '알아두기'라는 형식을 택해 간략히 제시하고 있다.

활동인 셈이다.

따라서 이어지는 세 번째 활동(교과서 309쪽 1번)과 네 번째 활동(교과서 303쪽 3번)에서는 단순히 표현법의 모방에 그칠 것이 아니라 그러한 표현법 자체에 웃음으로 난관을 극복하고자 하는 인간다움 추구의 전통이 녹아 있다는 점을 함께 다루어야 한다. 그러나 자칫 해당 표현에 녹아 있는 전통적 사상과 정서에 주목하다 보면 부류 ②의 활동이 전통을 계승하는 하나의 방식을 체험하도록 하는 데 초점이 있다는 점을 놓칠 수 있다. 그러므로 부류 ②의 활동에서 해당 표현법에 녹아 있는 전통을 이해하되, 이에 그치지 않고 그러한 표현법을 활용함으로써 전통을 계승하는 하나의 방식을 체험하도록 균형적인 시선을 유지할 필요가 있다.

한편, 부류 ②의 마지막 활동(교과서 309쪽 2번)은 다른 두 가지 활동과 다소간의 차이점을 보인다. 즉, '춘향전을 변형하여 만든 작품들을 조사하고 비교'함으로써 전통과 그 계승 방식에 대한 해석의 수준이 한 단계 더 나아가고 있음을 확인할 수 있다. 이 활동에서는 전통적 정서와 사상을 구현한 유형적 자산인 '표현법'뿐만 아니라 그러한 표현의 총체인 '작품 자체'가 우리 문화의 전통적 자산이라는 점, 그러한 자산을 끊임없이 새롭게 재생산하고 유통·소비하는 것이 또 다른 전통 계승 행위라는 점이 드러나 있기 때문이다.

이들 활동들 간의 관계와 의미를 도식화하면 다음과 같다.▸7

**사례에서 이론으로**

7 이 과정은 각 활동에서 표상하는 내용을 분석함으로써 활동 간의 관계를 이해하고 이를 통해 활동들에서 구현하고자 하는 학습 목표의 의미를 추적하는 과정이다. 학습 목표는 하나의 활동으로 구현되지 않으며 여러 유형과 단계의 활동이 서로 엮이는 과정을 통해 그 의미를 출현시키기 때문이다.

이상과 같이 소단원 (1)의 학습 활동 분석을 통해 교과서 편찬자가 설정하고 있는 '전통'과 그것의 '계승'의 의미는 다음과 같이 정리할 수 있다.

■ 전통

㉠ (작품에 담긴) 사상

㉡ (그러한 사상이 구현되고 투영된, 그러한 사상의 산물인) 독특한 표현법

㉢ (전통적 사상의 총체적 산물인) 작품 자체

■ 전통의 계승

㉠ 독특한 표현법을 모방하여 언어생활 속에서 적절히 활용하는 것

㉡ 작품을 변형 · 재구성하여 지속적으로 생산 · 유통 · 소비하는 것

그렇다면 이러한 전통과 계승 방식이 소단원 (2)에서도 여전히 유효한지 아니면 더 구체화되거나 확산되고 있는지, 이번에는 소단원 (2)의 활동들을 살펴보도록 하자.

소단원 (2)에는 모두 네 개의 활동이 제시되어 있다. 이들 활동 역시 그

성격에서 다소 차이를 보이고 있다. 이를 크게 다음의 두 가지 부류로 나누어 볼 수 있다.

부류 ①

**학습 활동 1**

이 글이 제안하고 있는 공간 개념을 중심으로 다음 활동을 해 보자.

(1) 이 글이 전제하고 있는 한국적 공간 개념의 특징은 무엇인지 말해 보자.
(2) '네거티비즘'이라는 개념은 한국적 공간 개념을 환경 문제와 결부시킴으로써 도출된 개념이다. 네거티비즘의 사상적 근거는 무엇인지 정리해 보자.

(교과서 319쪽 1번)

**학습 활동 2**

이 글의 내용을 중심으로 다음 활동을 해 보자.

(1) 이 글에서 중요하게 언급하고 있는 '적정 공간', '자연 공간', '통합 공간', '공유 공간', '기분 공간', '자궁 공간' 등이 공통적으로 가지는 성격은 무엇인지 정리해 보자.
(2) 이 글이 제안하고 있는 네거티비즘이 궁극적으로 지향하는 바는 무엇일지 추측해 보자.

(교과서 323쪽 1번)

**학습 활동 3**

우리의 문화는 인간애라는 소중한 전통을 지니고 있다. 이를 중심으로 다음 활동을 해 보자.

(1) 인간애의 전통이 이 글의 주제 의식에 어떤 식으로 반영되었는지 설명해 보자.

(2) 자신이 읽은 문학 작품 중에서 한 편을 골라, 인간애의 전통이라는 주제를 중심으로 작품의 가치를 논해 보자.

(교과서 323쪽 2번)

부류 ②

**학습 활동 4**

이 글에서 전통을 바라보는 방식을 중심으로 다음 활동을 해 보자.

(1) 이 글의 관심은 건축 행위 및 공간 설계에 있다. 이를 논하는 데 전통에 대한 고려는 어떤 매개가 되었는지 이야기해 보자.

(2) 이 글에서 전통을 바라보는 방식에는 어떤 새로움이 있는지 토론해 보자.

(교과서 319쪽 2번)

부류 ①의 첫 번째 활동(교과서 319쪽 1번)과 두 번째 활동(교과서 323쪽 1번)은 글에서 다루고 있는 한국적 공간 개념을 파악하고 이와 관련해 도출된 개념인 '네거티비즘'과 그 사상적 기초를 확인하는 활동이다. 이들 활동에서 전제하고 있는 '전통'이 한국적 공간 개념에 녹아 있는 사상임을 확인할 수 있는 대목이다. 세 번째 활동(교과서 323쪽 2번)에서는 이 점이 좀 더 분명히 드러난다. 여기서는 '인간애'라는 우리 문화의 전통과 이 글의 주제 의식을 연결함으로써 '인간애'라는 사상 또는 정서를 전통의 요소로 이해하고 있음을 확인할 수 있다. 이러한 관점은 '알아두기'(교과서 322쪽)에서도 재차 확인 가능하다.

**알아두기**

인간애의 전통

우리 문화는 사람에 대한 사랑을 중시하는 전통을 지니고 있다. 이는 우리 민족이 예로부터 가족, 이웃, 사회, 인류에 대한 사랑을 매우 소중한 가치로 여겨 왔기 때문이다.

이러한 전통은 우리 민족의 삶 전반에 두루 스며들어 있으며, 문학 작품을 비롯한 다양한 창조 활동의 원천으로 작용해 왔다.

(교과서 322쪽)

이들 부류 ①의 활동들은 소단원 (1)에서 살펴봤던 부류 ①의 활동들과 성격상 큰 차이가 없다. 즉, 문학 작품이든 설명적·설득적 글이든 해당 글의 주제나 내용 차원에서 확인 가능한 '전통' 요소(대개 사상이거나 정서)에 주목하고 있는 것이다.

그렇다면 부류 ②의 활동이 소단원 (1)에서 살펴봤던 활동의 성격과 유사한지 살펴보자. 부류 ②의 활동(교과서 319쪽 2번)은 '이 글이 전통을 바라보는 방식'에 주목하고 있어 부류 ①의 활동과는 다소 성격이 다르다. 이 글의 일차적 관심이 건축 행위 및 공간 설계에 있다는 점을 고려할 때 전통에 대한 고려가 어떤 매개가 되는지 이야기해 보고 이 글에서 전통을 바라보는 방식에 어떤 새로움이 있는지 파악하는 활동이다. 이 활동이 요구하는 것은 무엇일까? 이러한 활동에서 새롭게 설정하고 있는 '전통'의 실체 또는 '전통의 계승 방식'이 있다면 그것은 무엇일까?

이번에도 일차적으로는 '알아두기'를 참고할 필요가 있다. 해당 활동과 관련되는 '알아두기'(교과서 318쪽)는 다음과 같다.

**알아두기**

전통의 창조적 계승을 위한 변형

전통은 지속되기만 하는 것이 아니라 새로운 창조의 원동력이 되기도 한다. 계승된 전통을 바탕으로 새로운 것을 창조하기 위해서는 이미 있는 것을 변형해 보는 것도 한 방법이다. 지향하는 의미는 그대로 두고 형식을 바꾸어 보거나, 형식은 그대로 따르되 주제를 달리하는 등의 방법으로 변형이 가능하다.

(교과서 318쪽)

'알아두기'에서는 '전통의 계승'과 관련해 '변형'의 방법을 소개하고 있지만, 역시 추상적인 수준의 진술에 그치고 있어 부류 ②의 활동이 전통의 계승 방법 및 태도와 관련한 활동이라는 것 외에는 구체적인 참조틀을 제공해 주지 못하고 있다. 소단원 (1)에서 이와 유사한 '알아두기'(교과서 308쪽)가 제시되었고 그것이 전통의 계승과 관련되어 있었음을 고려하면, 부류 ②의 활동이 소단원 (1)의 부류 ②와 연계된 활동임을 짐작할 수 있다. 그렇다면 위 부류 ②의 활동은 소단원 (1)의 부류 ② 활동이 함의했던 전통의 계승 방식과 동일한 방법을 표상하고 있다고 보아도 될까?

결론을 내리기 전에 위 활동을 좀 더 구체적으로 살펴볼 필요가 있다. 네 번째 활동(교과서 319쪽 2번)은 글 속으로 들어가 그 안에 내용으로 구현된 전통적 요소에 주목하기보다는, 필자가 글을 쓴 목적과 그 목적에 따라 논지를 풀어나가는 과정에 주목하도록 하고 있다. 그리고 그 과정을 '전통을 바라보는 방식'과 관련해 분석해 볼 것으로 요청한다.

위 활동의 발문에서도 일부 언급하고 있으나, 이 글의 관심은 건축으로 인한 환경오염 문제를 해결하는 데 있다. 그런데 이 글의 서두와 말미를 세심히 살펴보면, 주어진 현대적 과제를 해결하기 위해 필자가 택한 방식은 전통적 건축 사상 또는 공간 개념에서 오늘날의 건축에서 염두에 두어야 할 새로운 공간 개념을 추출하는 것임을 알 수 있다. 이를 한 층위 더 추상화하면, 필자는 '전통'을 오늘날의 문제('건축에 따른 환경 파괴')를 해결하는 데 활용될 수 있는 창조적 사유의 보고(寶庫)로 간주하고, 그 안에서 주목할 만한 개념이나 속성('네거티비즘')을 추출해 자신의 실천 분야('건축')에 적용하려 한다고 볼 수 있다. 이는 전통적 사상이 녹아 있는 유형적 자산인 언어 표현(법)이나 작품을 모방·활용하거나 재생산·소비하는 방식과는 또 다른 형태의 계승 방식이다.[8] '알아두기'에서 전통이 '새로운 창조의 원동력'이라는 표현은 바로 이를 의미한다고도 할 수 있다. 이렇게 보면 소단원 (2)의 활동 부류 ②는 전통적 요소 자체보다 전통의 창조적 계승에 초점을 맞추고 있다는 점에서 소단원 (1)의 활동 부류 ②와 관련이 있되 그 구현 방식에서 서로 차별화되고 있다고 보는 것이 적절할 것이다.

이쯤에서 소단원 (2)의 활동들 간의 관계와 의미를 도식화해 보면 다음과 같다.

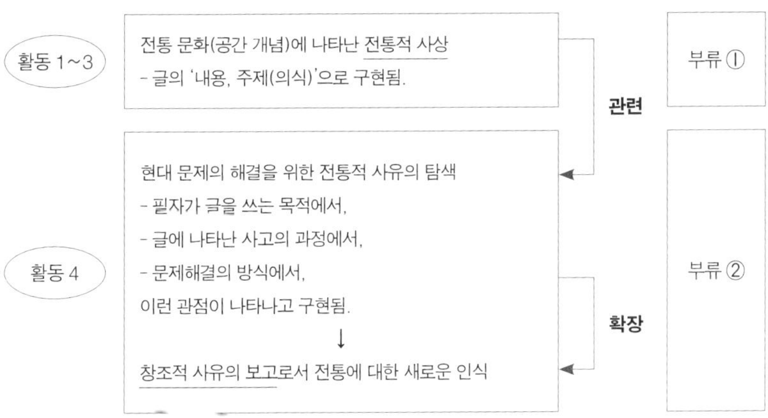


**사례에서 이론으로**

8 텍스트에서 우리가 읽어내야 할 것은, 해당 텍스트에 구현된 내용에 국한되지 않는다. 그러한 텍스트를 쓰는 의도와 맥락, 더 나아가 해당 텍스트의 소통 맥락까지가 우리가 읽어내야 할 대상이

결국 소단원 (2)의 학습 활동 분석을 통해 교과서 편찬자가 설정하고 있는 '전통'과 그것의 '계승'의 의미는 다음과 같이 정리할 수 있다.

■ 전통

㉠ (전통 문화에 담긴) 사상

㉡ 창조적 사유의 보고

■ 전통의 계승

㉠ 전통을 창조적 사유의 보고로 인식하는 것

㉡ 이러한 인식을 토대로 전통을 현대 문제의 해결에 적극 활용하는 것

이상과 같이 소단원 (1)과 (2)의 학습 활동 분석을 통해 이 대단원에서 설정하고 있는 '전통'의 의미와 요소, 그리고 그것의 '계승 방법과 태도'를 종합적으로 정리해 보자.

| | |
|---|---|
| 전통 | ㉠ (작품에 담긴) 사상<br>㉡ (그러한 사상이 구현되고 투영된, 그러한 사상의 산물인) 독특한 표현법<br>㉢ (전통적 사상의 총체적 산물인) 작품 자체<br>㉣ 창조적 사유의 보고 |
| 전통의 계승 | ㉠ 독특한 표현법을 모방하여 언어생활 속에서 적절히 활용하는 것<br>㉡ 작품을 변형·재구성하여 지속적으로 생산·유통·소비하는 것<br>㉢ 전통을 창조적 사유의 보고로서 인식하는 것<br>㉣ 이러한 인식을 토대로 전통을 현대 문제의 해결에 적극 활용하는 것 |

**사례에서 이론으로**

자 범위이다. 이 소단원에서 '건축과 동양정신'이라는 제재를 택한 이유는, 해당 텍스트를 생산해 내는 필자의 사유와 태도가 전통의 창조적 계승의 한 양태를 보이고 있다는 판단 때문이다. 국어 교과서 안에서 제재가 기능하는 방식은, 제재를 활용해 국어적 사고 과정을 학습하거나 제재의 내용을 국어 활동의 재료로 삼는 방식이 주를 이룬다. 이 소단원은 넓은 의미에서 선자의 사례라 할 수 있다.

이제 이를 토대로 대단원 학습 목표의 의미를 명확히 이해해 볼 순서이다. 이 대단원의 학습 목표를 다시 가져와 보면 다음과 같다.

① 우리 문화의 전통을 창조적으로 계승, 발전시키는 능력과 태도를 기른다.
② 전통의 창조적 계승을 위해 창의적으로 표현하는 태도를 기른다.
③ 전통을 창조적으로 계승함으로써 국어를 발전시키려는 태도를 기른다.

앞서도 언급했듯이, 학습 목표 ①은 ②와 ③을 아우르는 포괄적 목표의 성격을 띠므로 구체적인 의미는 학습 목표 ②와 ③을 통해 확인할 수 있다. 앞서 정리한 '전통' 및 '그것의 창조적 계승'의 의미에 입각할 때 결국 학습 목표 ②와 ③은 다음과 같이 계기적으로 재해석될 수 있다.

② 우리 전통의 문학 작품에 나타난 표현법을 활용함으로써 (더 나아가 문학 작품을 적극적으로 재생산·수용함으로써) 국어생활을 창의적으로 운영하는 태도를 지닌다. (그리고 이를 통해→)
③ 우리의 국어 문화를 더욱 풍요롭게 하고 국어를 발전시킬 수 있음을 알고 이를 실천하고자 하는 태도를 지닌다.

이는 전통의 요소를 '사상'이나 '정서' 같은 추상적 관념보다는 그러한 관념이 투영되고 구현된 유형적 언어 자산인 언어 표현이나 문학 작품에서 찾고자 하는 시도로서, 국어 교과에서 전통 문화를 다루는 독특한 방식이라 할 수 있다. 따라서 전통의 요소를 문학 작품이나 글에 나타난 '사상'과 '정서'로만 파악하고 다루는 방식은 이 대단원의 목표 및 의도를 충분히 고려하지 못하는 것이라 할 수 있다.

그렇다면 소단원 (2)에서 새롭게 확인 가능한 관점, 즉 전통을 창조적 사유의 보고로 간주하고 이를 활용해 현대 문제를 해결하고자 하는 관점은 이러한 학습 목표와 어떻게 관련되는 것으로 이해해야 할까? 이를 위해서는 소단원 (2)의 제재에서 이러한 관점이 '언어화되어 글의 형태로 구현되었다.'는 점에 주목해야 할 것이다.

필자가 당면한 과제를 해결하기 위해 주목한 것은 전통의 공간 개념 및 그에 기반한 사상이었고, 그는 해당 개념과 사상을 면밀히 분석해 문제 해결을 위한 방안 및 대안을 언어화하여 한 편의 글로 제시하고 있다. 이는 곧 글을 쓰는 목적과 글을 써 나가는 논리에 전통에 대한 새로운 관점이 반영되어 있음을 의미한다. 바로 이런 점에서 필자의 이러한 '글쓰기 행위'는 그 자체로 전통을 창조적으로 계승하는 언어적 실천 행위로 볼 수 있으며, 이 글은 그러한 실천의 산물로서 그 자체로 창의적이라 할 수 있다. 이렇게 보면 소단원 (2)에서 다룬 새로운 관점은 학습 목표 ②에서 언급한 '창의적으로 표현하고자 하는 태도'와 연계될 수 있음을 확인할 수 있다.

자, 그렇다면 학습 목표 ②의 의미를 다음과 같이 최종적으로 구체화해 볼 수 있다.▸9

② 전통의 창조적 계승을 위해 창의적으로 표현하는 태도를 기른다.

⇩

②-1 우리 전통의 문학 작품에 나타난 표현법을 활용함으로써 (더 나아가 문학 작품을 적극적으로 재생산·수용함으로써) 국어생활을 창의적으

**사례에서 이론으로**

9 '학습 활동'과 '알아두기' 그리고 '제재'를 분석함으로써 비로소 추상적인 학습 목표의 의미를 구체적으로 확정해 나가는 과정이다.

로 운영하는 태도를 지닌다.

②-2 전통을 창조적 사유의 보고로 인식하고 이를 토대로 당면한 문제를 창의적으로 해결하여 글로 쓰는 태도를 지닌다.

### 2) 활동 분석을 통한 제재 선택의 논리 추적하기

지금까지 개별 학습 활동 분석을 통해 추상적 진술로 제공된 대단원 학습 목표의 의미를 분석해 보았다. 이처럼 학습 목표가 구체적으로 분석되고 나면 8부 능선을 넘은 셈이다. 이제 이러한 분석을 토대로 소단원 (1)과 (2)의 두 제재 간 관계에 주목하여 제재 선택의 논리를 추적해 보자.

앞서 김 선생님은 학습 목표에 대한 막연한 인식을 토대로 소단원 (1)과 소단원 (2) 제재 사이의 관련성 여부에 의문을 제기하고 소단원 (1)보다 소단원 (2)의 제재가 상대적으로 학습 목표 구현에 기여하는 바가 적다고 판단했다. 그리하여 소단원 (2)에서는 해당 제재가 담고 있는 전통 사상의 내용을 파악하는 것 중심으로 활동을 선별하여 간소하게 다루기로 했다.

그러나 활동 분석을 통해 학습 목표의 의미를 구체화해 본 결과, 이들 두 제재가 크게 다음과 같은 점에서 서로 관련되어 있음을 확인할 수 있다.

첫째, 소단원 (2)의 세 번째 활동(교과서 323쪽 2번)에서 '자신이 읽은 문학 작품 중 한 편을 골라 인간애의 전통이라는 주제를 중심으로 작품의 가치를 논해 보라'고 요구하고 있는 점에서, 소단원 (2)의 제재와 소단원 (1)의 제재가 연관되는 첫 번째 방식을 확인할 수 있다. 즉, 소단원 (2)의 제재는 한국적 공간 개념을 탐색하는 과정에서 그 안에 인간애의 전통이 녹아 있음을 밝히고 있는 글로서, 일차적으로 소단원 (1)의 제재, 즉 '춘향전'과 장르나 성격이 다름에도 불구하고 '인간애의 전통'을 주제로 다루고 있다는 점에서 공통적이다.

▶ 소단원 (1) 제재와 (2) 제재는 모두 '인간애'라는 사상 및 정서로서의 전통 요소를 '내용적으로' 포함하고 있다.

둘째, 소단원 (1) 제재와 (2) 제재의 활동 부류 ②에서 각기 전통을 계승하는 서로 다른, 그러나 유의미한 방식을 체험하도록 이끌고 있다는 점에서 소단원 (2)의 제재와 소단원 (1)의 제재가 연관되는 두 번째 방식을 확인할 수 있다.

소단원 (1)의 제재는 오늘날 국어생활을 풍요롭게 만들기 위해 되살려 쓸 수 있는 독특한 언어 표현(법)이 풍성하게 나타난 문학 작품이라는 점에서 독특한 표현(법)을 익히고 활용해 보는 활동을 제공하는 기반이 되고 있다. 한편 소단원 (2)의 제재는 당면한 문제의식을 해결하기 위한 방안으로 전통적 사유를 참고하고 그에 따른 사유의 결과를 글로 풀어 내고 있는 산물이라는 점에서 전통을 창조적 사유의 보고로 간주하고 이러한 인식을 언어화하는 실천 과정을 표상하고 있다. 둘 다 전통을 계승하는 방법을 안내하고 제시하고 있다는 점에서 공통점을 지닌다.

그러나 소단원 (1)의 제재가 고유한 사상이 담긴 독특한 표현법이라는 전통적 요소를 담고 있고 그것을 모방해 보는 활동을 통해 전통의 계승 방법을 안내하고 있다면, 소단원 (2)의 제재는 글 쓴 목적과 글을 전개하는 논리 및 사고 과정 자체가 전통을 계승하는 방법을 표상하고 있어서 '전통 계승하는 방법'과 관련한 학습 목표를 구현하는 방식에 다소 차이가 있다. 소단원 (1)과 (2) 제재 간에 느껴지는 간극은 단순히 전자가 문학 작품이고 후자가 논증적 텍스트라는 점에 기인하는 것이 아니라 오히려 이러한 차이에서 기인하는 것으로 보는 것이 타당하다.

▶ 소단원 (1) 제재와 (2) 제재는 모두 전통을 계승하는 방식을 제시하고 있다는 점에서 공통적이나, 제재 (1)은 전통 계승의 방식 및 태도를 교수·

학습하기 위한 자원을 제공하는 역할을 한다면, 제재 (2)는 전통 계승의 방식 및 태도가 글의 목적 및 논리로 직접 표상되어 있다는 점에서 차이가 있다.

이렇듯 소단원 (1)과 (2)의 제재는 '인간애'라는 전통 사상을 내용과 주제 의식으로 담고 있으며 전통을 계승하는 방식과 태도를 교수·학습하기 위한 비계로서 작용한다는 점에서 공통되나, 전통을 계승하는 방식과 태도를 구현하는 방식에서는 차이를 보인다. 공통점과 차이점 모두 전통 및 전통을 계승하는 방식에서 기인한 것이므로 이들 두 제재는 서로 연관되어 있다고 볼 수 있다. 그러므로 대단원 학습 목표의 표상성과 관련하여 '소단원 (2)의 제재가 (1)의 제재보다 표상성 정도가 낮다', '소단원 (2) 제재가 (1) 제재와 맺는 관련성이 모호하다'는 등의 문제의식은 어느 정도 해소될 수 있다.

명시적으로 동일한 속성을 지닌 두 개의 제재를 병렬적으로 나열했다면 제재 간의 관련성은 명확하게 드러나는 대신, 해당 학습 목표가 가질 수 있는 의미를 풍성하게 구현해 내기는 오히려 쉽지 않았을 것이다. 제재 간의 관련성, 제재의 적절성 또한 학습 목표에 대한 명시적 분석에 의해 판단될 수 있는 사안이라는 점을 다시 한 번 짚고 넘어갈 필요가 있다.

### 3) 활동 선택의 논리 판단하기

지금까지 활동 분석을 통해 학습 목표의 의미를 명확히 상세화하고 이를 토대로 제재 간의 관련성, 제재 선택의 적절성을 판단해 보았다. 이제 남는 것은 최선의 수업을 위해 가장 강조되어야 하는 학습 활동, 반드시 놓쳐서는 안 되는 학습 활동은 무엇인가 하는 것이다.▸10

교사에 의해 최종적으로 구현되는 수업은 교과서와는 다르다. 교사의 교과서 재구성이 중요한 것은 바로 이 때문이다. 수업은 학교 맥락, 상황 맥락,

교사 맥락, 학생 맥락 등 다양한 변인에 의해 영향을 받는다. 교과 수업 시간은 늘 여타의 비교과적 요인들에 의해 잘려 나가고 그래서 교사는 효율적인 수업을 위해 모종의 선택을 하게 된다. 활동의 순서를 바꾸기도 하고 어떤 활동은 다루지 않고 넘어갈 수도 있다. 그럼에도 불구하고 학습 목표 달성을 위해 반드시 다루어야 하는 활동이 존재한다. 이러한 선택이 적절하지 않을 경우 학습 목표를 달성하지 못하는 상황이 벌어질 수 있다.

그렇다면 대단원의 학습 목표와 제재의 성격을 고려할 때 소단원 (1)과 (2)에서 반드시 중요하게 다루어져야 하는 활동이 있다면 그것은 무엇일까?

먼저 소단원 (1)에서는 두 번째 활동(교과서 303쪽 1번)이 그러하다. 이유는 다음과 같다. 이 활동은 부류 ①과 부류 ②를 연계해 주는 고리 역할을 하는 활동이기 때문이다. 이 활동은 우리의 전통 사상인 인간 존중의 정신이 독특한 표현(법)의 형태로 구체화되었음을 인식하고 이러한 표현법을 모방하는 등의 활동을 통해 오늘날의 국어생활을 창의적이고 풍요롭게 이끌 수 있다는 점, 이것이 전통의 창조적 계승의 방법이 될 수 있다는 점을 학습시킬 수 있는 활동이다. 이러한 연결고리를 적절히 포착하지 못할 경우 이 활동을 필두로 이어지는 부류 ②의 활동들은 단순히 작품에 나타난 표현법을 연습하고 따라 해 보는 활동에 그칠 우려가 있으며, 이렇게 되면 부류 ②는 부류 ①과는 별개의 활동으로 인식될 수 있다. 이 경우 이들 활동들을 통해 달성하고자 하는 학

**사례에서 이론으로**

10 이 부분은 교과서를 이해하기 위해 교육과정 상세화 작업을 역추적하는 과정이라기보다는, 수업을 하기 위해 교과서를 재구성하는 과정에 더 가깝다. 그러나 이러한 재구성을 위해서 어떤 형식으로든 교육과정 상세화에 대한 역추적이 필요하다는 점에서 3)절 역시 앞 절과 같은 맥락에서 이해할 필요가 있다. 학습 목표 달성에 가장 중핵적 역할을 하는 학습 활동이 무엇인가에 대한 확인은 교육과정 상세화의 역추적, 즉 학습 목표에 대한 이해를 통해 비로소 적절히 이루어질 수 있기 때문이다. 이 절에서는 교육과정 상세화의 역추적 과정이 어떻게 교사의 교과서 재구성 과정에 토대가 되는지를 보이고자 한다.

습 목표가 무엇인지 초점이 흔들리게 된다.

소단원 (2)에서는 네 번째 활동(교과서 319쪽 2번)이 그러하다. 이 활동은 유일하게 이 단원에서 부류 ②에 해당하는 활동으로서, 나머지 활동들은 소단원 (1)의 부류 ① 활동과 그 성격이 동일하다. 따라서 이 활동을 다루지 않는다면 해당 제재를 선택해 학습하는 이유를 살리기 어렵다. 다만 이 활동은 나머지 세 활동과 그 성격이 다르므로 해당 활동을 다룰 때 부류 ①의 활동들과 어떤 관련을 갖는지 포착하지 않으면 해당 활동의 의미를 충분히 구현하기 쉽지 않다. 정확히 말하면, 이러한 관련성을 포착하지 못하면 해당 활동의 의미와 의의를 포착하기도 어렵고, 그 결과 해당 활동을 아예 선택하여 다루지 않을 가능성이 매우 농후하다.

그런데 문제는 위 두 가지 활동이 각 소단원의 핵심 활동임에도 불구하고 그것이 제시된 순서가 적절하지 않다는 점이다. 소단원 (1)의 해당 활동은 부류 ①과 ②를 연계하는 중핵 활동임에도 불구하고 전체 다섯 개의 활동 중 가장 처음에 제시되어 있고, 소단원 (2)의 해당 활동은 부류 ②에 해당하는 유일한 활동임에도 네 개의 활동 중 두 번째에 제시되어 있다. 이는 본 교과서가 학습 목표와 관련된 활동 자체의 논리가 아니라 해당 활동에서 지시하고 있는 제재의 부분이 제재 안에서 출현하는 순서에 의거해 활동을 제시하고 있기 때문이다. 학습 목표를 표상하는 방식의 차이에도 불구하고 단순히 제재의 내용 순서에 따라 학습 활동이 제시될 경우 이러한 표상성의 차이와 그에 따른 학습 활동 간의 논리적 관계는 가려지기 쉽고, 이는 개별 학습 활동에 대한 이해 및 그에 따른 학습 목표의 이해에 영향을 미칠 수 있다. 본 대단원과 같이 학습 목표 자체가 추상적이어서 학습 활동을 통해 학습 목표의 의미를 추론해야 한다면 상황은 더욱 좋지 않다.

지금까지의 논의를 정리하면 다음과 같다. 교과서 재구성 과정에서는 활동의 적정 순서를 결정하고 그에 따라 핵심적으로 다루어야 하는 활동을 선정하는 작업이 중요하게 포함되어야 하며, 교과서의 일상적이고 관습적 편재를 비판적으로 살펴봐야 한다. 이러한 재구성과 판단이 교육과정 상세화 작업의 역추적을 통해 확인된 학습 목표의 의미에 기반해야 함은 주지의 사실이다.

## 4. 원리의 재확인

이 장에서는 추상적인 성취 기준이 어떻게 다른 성취 기준과 엮여 구체적 의미를 부여받으며, 이러한 의미가 학습 활동 및 제재의 선택과 구성을 통해 어떻게 구체화되는지 살펴보았다. 이러한 사례를 통해 교과서 상세화 작업을 역추적하고 이를 통해 교과서를 이해하기 위한 핵심 원리와 그 구체적 방법을 확인할 수 있었다.

**핵심 원리**

대단원의 학습 목표 형태로 구체화된 추상적 성취 기준의 의미를 파악할 수 있어야 한다.

**구체적 방법**

- 대단원의 안내, 명제화된 지식 내용 등을 참고하여 학습 활동의 의미를 가늠해 본다.
- 학습 활동을 구체화하는 과정에서 제재 및 자료가 기여하는 방식을 분석해 본다.
- 학습 활동과 제재의 분석을 통해 대단원 학습 목표의 구체적 의

미를 확정해 본다.

- 이렇게 파악한 대단원 학습 목표의 의미를 근거로, 학습 목표 달성을 위한 핵심 활동을 확인해 본다.

이상과 같은 원리와 방법은 교육과정 상세화의 산물인 교과서를 이해할 수 있는 핵심 지식으로서, '맥락화된 이론'으로서 실제성을 띠어야 하는 교과서 이론의 중요한 부분을 이룬다 할 수 있다.

# Ⅳ

# 국어교육학 이론에 기반해 성취 기준 의미를 이해하기

## 1. 사례 안내

이 장에서는 2007 개정 국어과 교육과정에 의거한 중학교 국어 3-1, 생활국어 3-1(김상욱 외, 2012)의 6단원 '세상에 알리다'를 살펴본다.

2007 개정 중학교 교과서는 '국어' 및 '생활국어' 교과서로 구성되어 있으며, 이들 두 교과서의 연계 방식은 출판사마다 다르다.▸1 이 장에서 다루고

**사례에서 이론으로**

1 본격적으로 교과서를 살피기 전에 '국어' 교과서와 '생활국어' 교과서를 연계하고 있는 방식부터 살펴볼 필요가 있다. 교과서 간 연계 양상은 대략 다음과 같이 범주화될 수 있다.
첫째, 국어 교과서와 생활국어 교과서가 각기 성취 기준을 나눠 맡아 특별한 연계성 없이 분책된 양상을 보이는 경우.
둘째, 성취 기준을 공유하되 국어 교과서에서는 지식의 학습을 주로 하고 생활국어 교과서에서는 그렇게 학습한 지식의 적용을 담당하는 경우.
셋째, 성취 기준은 공유하되 국어 교과서에서는 주로 성취 기준 달성과 관련한 핵심 제재를 제공하고 생활국어 교과서에서는 관련 지식을 구조화하고 있는 경우.
교과서 체재의 선택은 교육과정 상세화의 핵심 과정 중 하나이기 때문에 상세화 작업을 역추적하

자 하는 교과서는 두 교과서의 대단원 학습 목표가 동일하게 구성되어 있다. 대단원의 학습 목표는 다음 세 가지이다.▸2

① 독자의 요구와 관심사를 고려하여 학교나 지역 사회를 홍보하는 글을 쓴다.
② 문제 해결을 목적으로 전문가를 선정하여 면담한다.
③ 영상 언어의 특성을 살려 영상으로 이야기를 구성한다.

이러한 학습 목표에 따라 국어 교과서 및 생활국어 교과서는 각각 다음과 같이 구성되어 있다.

■ 국어 교과서

소단원 (1)의 제재는 홍보물 제작 과정을 쓴 여러 편의 일기문이며, 소단원 (2)의 제재는 영상 언어의 특성을 다룬 설명문이다. 단원의 전체 체재와 각 소단원의 활동 내용은 다음과 같다.



기 위해서는 이러한 체재를 세세하게 살펴볼 필요가 있다. 교과서 체재에서 드러난 국어교육학적 원리에 대해서는 2부 1장을 참고할 수 있다.

2 이 대단원의 학습 목표 세 가지는 다음과 같은 교육과정 성취 기준을 토대로 한 것이다.

| | |
|---|---|
| (말하기-(1)) | 문제 해결을 목적으로 전문가를 선정하여 면담한다. |
| (쓰기-(1)) | 독자의 요구와 관심사를 고려하여 학교나 지역 사회를 홍보하는 글을 쓴다 |
| (쓰기-(5)) | 영상 언어의 특성을 살려 영상 언어로 이야기를 구성한다. |

즉, 이 단원은 '말하기' '쓰기'의 두 영역의 성취 기준이 하나의 대단원 안으로 통합되어 학습 목표로 구현된 사례이다.

| 단원 체재 | 활동 내용 |
|---|---|
| 단원의 길잡이 | 단원의 성격 및 목표 안내 |
| 준비 학습 | • 지금 내가 친구들에게 홍보하고 싶은 것과 그 이유 말해 보기 |
| 소단원 (1) | • '홍보물 제작 일기'를 읽고 주요 내용(홍보의 주요 원칙 등) 확인하고 정리하기<br>• '홍보물 제작 일기'의 두 학생 기자가 쓴 다음 홍보 기사를 읽고, 홍보 전략을 분석하고 기사 내용 보충하기<br>• 다음 홍보문(숲 체험 프로그램 홍보 포스터)을 읽고 홍보문의 특성을 분석한 후 해당 홍보문의 홍보 대사로 적절한 사람 뽑고 그 이유 말해 보기 |
| 소단원 (2) | • '영상 언어의 특징'을 읽고 영상 언어의 특성 정리하기<br>• 영화 한 컷 보고 거기에 나타난 카메라 기법 찾고, 이러한 컷을 사용한 의도 추론하기<br>• 어제 있었던 일을 하나 골라 영상으로 구성할 스토리보드 만들기<br>• 광고(물 절약 공익광고)를 보고 숏 구성 분석하기<br>• 다큐멘터리(누들로드)를 보고 숏 구성 방식과 내레이션의 의미 파악하기<br>• 다큐멘터리에 나타난 정보를 활용해 국수 가게 홍보하는 광고지 만들기 |
| 자기 평가 | 단원 내용 정리하고 학습 내용 점검하기 |

■ 생활국어 교과서

두 소단원은 핵심 제재 없이 활동으로만 이루어져 있다. 소단원 (1)은 학교 홍보 내용을 기획하는 활동으로 이루어져 있으며, 소단원 (2)는 학교 홍보 영상을 만드는 활동으로 이루어져 있다. 단원의 전체 체재와 각 소단원의 활동 내용은 다음과 같다.

| 단원 체재 | 활동 내용 |
|---|---|
| 단원의 길잡이 | 단원의 성격 및 목표 안내 |
| 소단원 (1) | • 학교 홍보를 위한 계획 세우기<br>- 대상, 목적과 내용 결정하기<br>- 내용 선정 방법 결정하기<br>- 수집할 자료 및 방법 결정하기<br>• 홍보할 내용 수집하고 정리하기<br>- 자료 수집하고 정리하기<br>- 홍보 목적에 맞는 인물 찾아가 면담하고 내용 정리하기<br>- 적절한 장소 탐방하고 내용 정리하기 |

| 단원 체재 | 활동 내용 |
| --- | --- |
| 소단원 (1) | - 수집한 자료 중 내용 선정하기<br>- 홍보 전략 정하기 |
| 소단원 (2) | • 홍보 영상 대본 작성하기<br>- 홍보 내용 구체화하기<br>• 영상 제작 기획서 작성하기<br>- 제목, 기획 의도, 내용 구성 계획 작성하기<br>• 영상 제작 위한 스토리보드 작성하기<br>• 영상 촬영하고 발표하기<br>- 역할 분담해 홍보 영상 만들기<br>- 영상 편집하기<br>- 영상 평가하기 |
| 자기 평가 | 단원 내용 정리하고 학습 내용 점검하기 |
| 선택 활동 | • 한국을 홍보하는 포스터를 보고, 구성과 홍보 전략 파악한 후, 포스터 재구성해 보기<br>• 우리 음식을 홍보하는 영상을 보고 영상의 특징 분석한 후 내가 좋아하는 한식을 골라 홍보 문구 작성해 보기 |

## 2. 김 선생님의 교과서 재구성

이 대단원의 수업 준비를 하면서 김 선생님은 몇 가지 난관에 부딪혔다.

김 선생님의 첫 번째 고민은 쓰기를 가르칠 때 텍스트를 어떻게 활용해야 할 것인지 모호하다는 점이다. 홍보문 쓰기 과정을 일기 형식으로 구성하여 제공하고 있는 소단원 (1)의 제재, '홍보물 제작 일기'가 홍보물의 특성과 제작 과정을 소개하는 설명문 형식으로 제공되었으면 더 좋았을 거라는 생각이 들고(소단원 (2)의 '영상 언어의 특성'처럼), 학습 활동에서 제시된 여러 종류의 홍보문은 모범적인 홍보문 텍스트로 기능하기 때문에 그러한 홍보문을 분석함으로써 홍보문 쓰기를 위해 필요한 지식을 학습할 수 있을 것이라 생각했다. 그래서 김 선생님은 '홍보물 제작 일기'에서 홍보문의 특성과 제작 과정에 관한 정보만 간략히 추려서 가르치고, 홍보문을 쓰기 위한 실제 지식은 교과서에 제시된 홍보문 텍스트를 분석하면서 가르치기로 했다. 그리고 주로 생활국어 교과서에서 제시된 실제 홍보문 쓰기 활동은 국어 교과서에서 홍보문 텍스트 분석 활동을 통해 학습한 홍보문 쓰기 지식을 적용하는 활동으로 보이므로, 홍보문 텍스트 분석 활동과 기능적으로는 중복되는 활동이라고 생각해서 과제로 내주거나 생략하기로 했다.

김 선생님의 두 번째 고민은 '홍보물'과 '홍보문'의 차이가 과연 무엇인지 명확하지 않다는 점에 있다. 국어 교육과정과 다른 출판사의 교과서들을 살펴보니 주로 '홍보문', '홍보하는 글'이라는 표현이 두드러지게 나타났다. 그래서 김 선생님은 단순한 용어의 차이로 간주하고 '홍보문'이라는 용어를 택해 수업을 진행하기로 했다.

김 선생님의 세 번째 고민은 영상 매체의 특징을 다루는 소단원 (2)가 과연 국어과의 학습 내용으로서 의미가 있는지 하는 의문에서 비롯된다. 교수·학습의 초점을 홍보문 쓰기에 두되 홍보문을 여러 가지 매체에서 구현하고자 할 때 어떤 점을 고려해야 하는지 살펴보는 선에서 다루는 것이 적당하지 않나 하는 생각이 들었다. 영상 매체의 여러 가지 의미 구성 기법, 즉 숏 구성 같은 것에 대해 알고 해당 기법을 활용해 영상 매체를 직접 만드는 것은 홍보문 쓰기에 이어지는 활동이라고 보기 어려울 뿐만 아니라 사실 국어 수업에서 다루기 버겁기도 하고 적절하지 않다는 생각이 들었다. 그래서 작성한 홍보문을 텔레비전이나 라디오로 방송하거나 홈페이지 게시판 등에 올리고자 할 때 고려해야 할 사항을 살펴보거나 다양한 매체로 홍보하고자 할 때 어떤 점을 고려해야 하는지 논의해 봄으로써 매체 요인을 홍보의 유의미한 변수로 포함시키는 수준에서 해당 내용을 간략히 처리하기로 했다.

김 선생님의 교과서 재구성 방식을 도식화하여 제시하면 다음과 같다.

■ 김 선생님의 교과서 재구성 방식 도식

1) 제재 및 활동 재구성: 쓰기 교수·학습에서 텍스트의 역할이 명확하지 않음. → 소단원 (1)의 제재는 몇몇 내용 요소를 확인하기 위한 자료로만 활용하고, 학습 활동에서 제시된 홍보문 텍스트 분석 활동을 홍보문 쓰기 지식을 가르치는 핵심 활동으로 다루기로 함(생활국어 교과서에서 제시한 실제 쓰기 활동은 중점적으로 다루지 않기로 함).

2) 핵심 개념 재구성: 소단원 (2)에서 제시된 '홍보물'은 '홍보문'과 명확히 구별되지 않는 개념임. → '홍보문'으로 대체하여 홍보문 쓰기 단원으로 대단원의 성격을 초점화하기로 함.

3) 학습 목표 및 단원 재구성: 영상 언어의 특징을 이해하고 실제 영상물을 만드는 학습 목표 및 해당 교육 내용은 국어과의 교육 내용으로 적합하지 않으며 소단원 (1)의 학습 목표와도 매끄럽게 연결되지 않음. → 소단원 (1)에서 학습한 홍보문 쓰기 전략에 더해, 홍보문을 영상 매체를 포함한 여러 가지 매체에서 구현할 때 고려해야 할 사항들을 중심으로 하여 소단원 (2)를 재구성하기로 함.

## 3. 교육과정 상세화 작업 역추적

김 선생님의 세 가지 고민은 2007 개정 교육과정이 표방한 두 가지 핵심 요소인 '장르 중심의 쓰기 교수·학습'과 '미디어 리터러시'를 국어 교과서 및 수업에서 어떻게 구현할 것인가 하는 문제와 관련되어 있다. 이 두 요소는 변화하는 국어교육의 흐름과 직결되는 사안으로서 새로운 교육 철학과 국어 환경 하에서 국어교육이 변화하는 양상을 잘 보여 주고 있다. 따라서 이들 요소가 반영되어 구성된 교과서를 이해하고 재구성하려면 이러한 새로운 변화 흐름을 이해하고 그것이 교과서로 구현되는 방식과 의미를 이해하고 분석할 수 있어야 한다.

교육과정이 개정 고시되는 과정에서는 새로운 이론과 관점이 편입되거나 기존의 지식을 대체하는 일이 반복된다. 교과서는 교육과정의 정신을 반영하고 구체화한 산물인 까닭에 교과서를 이해하려면 이러한 변화의 흐름에 민감하게 반응해야 하며, 이를 이해할 수 있는 이론적인 힘이 뒷받침되어야 한다.

물론 새로운 관점과 지식이 교과서로 구현되는 과정에서 그 방식과 양상이 부적절할 수도 있고 해당 관점 자체에 동의할 수 없는 경우도 있다. 그러나 새로운 교육과정 정신에 입각해 교과서의 의미를 이론적으로 충분히 분석한 다음에야 새롭게 도입된 관점의 의미를 이해하거나 그러한 관점의 부적절성을 좀 더 명확히 따질 수 있다. 이런 점에서 교과서의 분석 또는 재구성은 그 자체로 이론적인 과정이라 할 수 있다.▸3

## 1) 텍스트 선정의 논리 추적하기

김 선생님의 첫 번째 고민부터 살펴보자. 홍보문 쓰기와 관련하여 교과서에서는 크게 두 가지 유형의 텍스트가 제시되어 있다. 첫 번째는 국어 교과서 소단원 (1)과 (2)의 핵심 제재에서 확인되는 유형으로, 이들 제재의 내용과 특성을 간략히 정리하면 다음과 같다.

**사례에서 이론으로**

3 이런 점에서 교육과정 상세화 작업을 역추적하기 위해서는 다음과 같은 점을 유념해야 할 필요가 있다. 첫째, 교과서는 교육과정의 정신과 내용을 표상한 산물이므로 교과서의 단원 구성, 제재, 학습 활동 등의 의미는 교육과정에 의거하여 판단해야 한다. 둘째, 특히 교육과정 개편에 의해 새롭게 반영된 교육 내용은 그러한 변화의 의미에 대한 이론적 이해를 토대로 상세화 작업을 역추적해야 한다.

| | | |
|---|---|---|
| (1) 홍보물 제작 일기 | 홍보물 제작 과정을 기록한 여러 편의 일기 | - 홍보 전문가와의 만남을 통해 홍보의 목적, 홍보물의 형태, 홍보문 쓰기의 원칙을 배움.<br>- 홍보문 쓰기 계획 회의를 통해 홍보 목적에 따른 대상, 내용, 홍보 내용 수집 방법 등을 결정함.<br>- 도서관, 인터넷 등의 조사 방법을 동원해 기초적인 내용을 수집하고, 여러 사람을 찾아가 필요한 내용을 면담하거나 주요 장소를 직접 탐방하여 자료를 수집함.<br>- 토의를 거쳐 자료를 정리하고 인상적인 표현 전략을 논의함. |
| (2) 영상 언어의 특징 | 영상 언어의 특징을 설명한 설명문 | - 영상의 정의<br>- 영상 언어의 특성<br>- 영상 언어의 의미 구성 원리('숏'을 중심으로) |

우선 '홍보물 제작 일기'를 살펴보자. 이 텍스트는 홍보문을 써야 하는 상황에 놓인 한 인물이 홍보문을 쓰기 위해 홍보문의 특성 및 홍보문 쓰기 원칙에 대해 배우고 실제로 계획을 수립하고 자료 수집의 과정을 거쳐 홍보문을 쓰기까지의 전 과정을 여러 편의 일기 형식으로 보여 주고 있다. 이 텍스트는 일차적으로는 홍보문 쓰기와 관련해 필요한 지식과 전략을 제공하는 역할을 하며, 이런 점에서 소단원 (2)에서 제시한 텍스트('영상 언어의 특징')와 기능이 유사하다.

교과서 쓰기 단원에서 쓰기 지식 및 전략을 가르치기 위해 이처럼 해당 내용 요소를 직접 설명하는 텍스트를 싣거나 해당 요소를 최대한 간략화하여 '알아두기'의 형태로 제시하는 방식은 그리 낯설지 않다. 이처럼 내용 요소를 명시적으로 제공하면 학생들이 배워야 할 내용을 보다 명확히 인지할 수 있으며, 핵심 제재의 형태로 관련 내용 요소를 설명할 경우 '알아두기'의 형태로 간략히 제공하는 것보다 좀 더 친절하고 상세하게 해당 내용을 설명할 수 있다는 장점이 있다.

그러나 소단원 (1)의 제재 '홍보물 제작 일기'를 홍보문의 특징 및 홍보문 쓰기 전략을 설명하는 것으로만 볼 경우 그 방식의 효율성 측면에서 의문을 제기할 수 있다. 즉, 명시적으로 해당 내용을 설명하는 설명문의 형태를 취하는 것이 해당 내용을 전달하는 데 훨씬 수월하고 효과적이기 때문이다. 앞서 김 선생님이 제기한 의문 역시 바로 이 때문이라 할 수 있다. 김 선생님은 이런 의문을 갖고 학생들에게 해당 텍스트를 읽히기보다는 해당 텍스트에서 홍보문 쓰기에 필요한 지식 요소를 추려서 제공하고 넘어가는 방식을 택했다.

그러나 곰곰이 살펴보면 이 텍스트는 '일기'라는 형식을 택해 구체적인 목적과 상황 하에 실제로 한 편의 홍보문을 쓰기까지의 전 과정을 그대로 드러내 보이고 있다는 점에서, 즉 각 과정에서 제기할 수 있는 질문, 해결 방안 및 해결 과정 등을 실제적으로 보여 주고 있다는 점에서 단순한 설명문이 제공할 수 없는 그 이상의 지점을 담아내고 있음을 알 수 있다. 즉, 설명문이 구체적이고 실제적인 언어 상황 맥락을 소거한 채 쓰기 지식과 전략을 추상적으로 제시한다면, 일기는 구체적이고 실제적인 언어 상황 맥락을 제공하고 그 안에서 한 편의 홍보문을 쓰기까지의 전 과정을 생생하게 보여 줌으로써 추상적인 차원의 지식과 전략이 어떻게 적용되고 그것이 한 편의 글로 구체화되는지 그 실상을 보여 주고 있다. 이는 직접 교수법의 용어로 이른바 '시범 보이기' 과정▸4으로도 볼 수 있다.

**사례에서 이론으로**

4 '직접 교수법'은 말하고 듣고 읽고 쓰는, 국어의 사용 기능 및 전략을 효율적으로 습득하는 데 유용한 수업 모형으로서, 교사가 전략(기능)의 원리를 설명하고 시범 보이고 질문한 후 나중에는 학생 스스로 연습하여 활동해 보는 과정을 통해 전략을 배운다는 데 그 특징이 있다(최미숙 외, 2012: 92)

직접 교수법을 실행하는 과정에서는 무엇보다 교사의 역할이 중요하다. 능숙한 국어 화자라 할지라도 자신의 국어 활동에 작용하는 전략(방법적 지식 및 원리)을 명시적으로 인식하기 쉽지 않다. 교사는 이를 명시적으로 포착하되, 더 나아가 가장 적절한 자료와 활동을 선택하여 그러한 전략이 실제로 작동하는 과정을 효과적으로 시연해 보일 수 있어야 한다. 방법적 지식의 속성상, 그것에 대한 '설명'이 곧 '체득'으로 이어지지 않는다는 점을 고려하면, 직접 교수법이 성공적으로 이 설명문으로 지식과 전략을 추상적 차원에서 설명하고 학습 활동을 통해 그러한 지식과 전략을 연습해 보는 방식과 달리, 일기는 그 자체로 지식과 전략이 적용되는 실제를 구현해 보이고 있다는 점에서 매우 유의미한 장치이다. 또한 쓰기 과정을 진공 속에 두어 추상적으로 제공하기보다는 이처럼 구체적인 언어 현실 맥락 안으로 가져가 구현해 보임으로써, 쓰기 과정이 인지적인 사고 과정일 뿐만 아니라 그 자체로 사회문화적이고 맥락적인 실천 행위라는 점을 잘 드러내고 있다. 계획과 표현의 과정에서 학생들이 서로 논의와 협의를 거쳐 방향을 수립하는 과정이 드러나 있는 것 또한 쓰기 행위의 사회문화적 속성을 드러내는 유의미한 장치라 할 수 있다. 따라서 소단원 (1)의 제재에서 쓰기 지식 및 전략만 추출하여 다루는 것은 이 텍스트가 지닌 이러한 스펙트럼을 효과적으로 활용하는 방식이 될 수 없다.

이처럼 쓰기가 사회문화적이고 맥락적인 과정이라는 점은 사회구성주의 관점에서 두드러지게 강조되는 지점이다. 사회구성주의적 쓰기 이론에서는 쓰기 과정의 대화성과 협의성을 강조하는 동시에 실제적인 쓰기 맥락을 중시하고 있다. 2007 개정 교육과정에서 사회구성주의적 관점에 대한 지향이 두드러지게 나타나기 시작했다는 점을 떠올리면, 홍보문 쓰기의 실제 과정을 생생히 보여 주는 일기 텍스트는 바로 그러한 맥락에서 의도적으로 선택된 장치라는 점을 이해할 수 있다. 따라서 소단원 (1)의 '홍보문 제작 일기' 텍스트를 소단원 (2)의 설명 텍스트와 동일한 기능을 하는 것으로 간주해 그것이 담고 있는 지식 요소만 추출하여 간략히 처리한다면, 해당 텍스트가 표상하고자 한 교육과정 정신을 온전히 포착한 방식이라 보기 어렵다.

**사례에서 이론으로**

루어지기 위해서는 교사의 시범 보이기 과정이 매우 중요하다고 할 수 있으며, 이런 점에서 '어떤 자료를 택해 어떤 순서와 방법으로 전략을 시범 보이는가'는 교사 수업 전문성의 중요한 부분을 이룬다 할 수 있다.

다음으로, 홍보문 쓰기와 관련해 국어 및 생활국어 교과서에서 제시하고 있는 두 번째 텍스트 유형은 학습 활동을 위해 제공된 여러 유형의 홍보문 텍스트에서 찾아볼 수 있다. 교과서에서 제시하고 있는 홍보문 텍스트의 유형은 다음과 같다.

| | |
|---|---|
| 국어 교과서의 소단원(1) | - 우리 시(市) 홍보 기사: 소단원 (1)의 '홍보물 제작 일기'의 필자가 작성한 결과물<br>- '무료 숲 체험 프로그램'에 관한 홍보 포스터 |
| 생활국어 교과서의 선택 활동 | - 우리나라 홍보 포스터<br>- 한식 홍보 영상 |

교과서에서는 홍보 기사, 홍보 포스터, 홍보 영상 등 다양한 유형의 홍보 텍스트를 제시함으로써 홍보 텍스트의 특성과 속성을 살펴볼 수 있도록 이끌고 있다. 구체적인 학습 활동은 다음과 같다.

| **텍스트** | **학습 활동** |
|---|---|
| 우리 시 홍보 기사 | - 이 기사에 사용된 홍보 전략 찾기<br>- 유명인을 면담하여 기사 내용을 보충하고자 할 때 면담 질문 찾기<br>- 패러디 기법 활용하여 홍보 문자 메시지 작성하기 |
| 무료 숲 체험 프로그램<br>홍보 포스터 | - 홍보 대상 확인하기<br>- 홍보하고자 하는 대상(사람) 찾기<br>- 프로그램 내용 확인하기<br>- 포스터에 적절한 제목 붙이기<br>- 해당 프로그램의 홍보 대사로 적절한 사람 뽑고 이유 말해 보기 |

이와 같은 활동을 살펴볼 때 이들 홍보 텍스트는 홍보문이라는 장르에 대한 명제적 지식뿐만 아니라 해당 장르의 쓰기와 관련한 여러 가지 전략, 즉 내용 구체화 전략, 표현 전략 등을 확인할 수 있는 자료로서 기능한다는 것을 알 수 있다. 이들 텍스트는 홍보문이라는 장르를 보여 주는 실체로서 기능하며, 이들 텍스트의 장르성을 확인하는 과정은 다름 아닌 해당 텍스트를 분석하는 과

정으로 구체화된다. 홍보문이라는 장르에 대한 지식이 해당 장르의 글쓰기를 위한 기반이 된다고 할 때 이러한 텍스트 분석 과정은 매우 중요하다.

그러나 이러한 텍스트 분석 과정이 곧 해당 장르의 글쓰기 능력을 담보한다고 보기는 어렵다. 특정 장르의 텍스트를 분석함으로써 해당 장르의 언어적·구조적 특성과 그러한 장르의 글쓰기 전략 일부를 확인한다 할지라도 그러한 앎이 곧바로 학생들의 글쓰기 과정에서 활용 가능한 전략적 앎의 형태로 변환되리라 기대할 수 없기 때문이다. 텍스트 분석 과정을 통해 확인된 장르 지식은 반드시 실제 쓰기 맥락 안에서 해당 텍스트를 써 나가는 과정적 체험을 통해 비로소 체득될 수 있다. 이것이 바로 장르 중심의, 사회문화적 구성주의 쓰기 이론이 기존의 텍스트 중심의 형식주의 쓰기 이론과 다른 점이다.▸5

**사례에서 이론으로**

5 엄밀히 말해 사회문화적 구성주의 쓰기 이론과 장르 중심 쓰기 이론은 그 모태나 학문적 토대가 다르다. 먼저, 사회문화적 구성주의 쓰기 이론은 쓰기 행위의 사회문화적 속성에 주목하여 (필자의 쓰기 과정을 중시한) 기존 인지적 구성주의 쓰기 이론이 지닌 개인적이고 급진적인 측면을 보완하는 이론으로서, 구체적인 교수·학습 모형이나 방법을 제공하는 쓰기 이론이라기보다는 쓰기 과정의 대화적, 사회적 속성을 강조한 철학적 관점에 더 가깝다고 할 수 있다.

한편, 장르 중심 쓰기 이론은 쓰기 과정에서 '장르'가 유의미한 틀(framework)로 작용할 수 있음에 주목하고, 장르를 단순히 텍스트 유형이 아니라 목적 지향적인 의사소통적 사건을 다루는 개념으로 체계화하고 있다(Christie, 1992; Martin, 1993 등). 장르 중심 쓰기 이론에서는 장르가 필자의 쓰기 활동을 제약하는 조건이 아니라, 오히려 특정 쓰기 과제를 해결하는 데 도움을 주는 인지적 도구가 될 수 있음에 주목하면서(Bazerman, 2009), 쓰기 상황 맥락이 체계적으로 언어화되어 장르로 반영되는 양상을 분석, 설명하고 이를 교육적 목적 하에 쓰기 지식 및 전략 형태로 구체화하고자 노력하고 있다.

장르가 지닌 이러한 사회문화적 속성이 쓰기 행위가 지닌 '사회문화적 실천'으로서의 측면을 잘 드러낸다는 점에서, 장르 중심 쓰기 이론은 사회문화적 구성주의 쓰기 이론과 맞닿는 지점이 있다. 한편, 장르 중심 쓰기 이론은 장르가 구현된 텍스트와 그에 대한 지식을 중시한다는 점에서, 모범 텍스트를 제시하고 해당 텍스트에서 쓰기 지식을 추출해 학생에게 제공한 후 해당 지식을 적용하여 글을 쓰도록 함으로써 쓰기 지식이 신장될 것이라 기대한 고전적 형식주의 쓰기 이론과도 유사해 보일 수 있다. 그러나 앞서 언급했듯이 장르의 사회적이고 역동적인 측면을 강조했다는 점에서, 그리고 상황 맥락과 텍스트 사이의 관계를 체계적으로 설명하고자 했다는 점에서 이들 이론은 서로 차이가 있다.

이런 점에서, 홍보문 텍스트를 분석하여 홍보문의 특징 및 홍보문 쓰기 전략 등 해당 텍스트와 관련한 주요 장르 지식을 추출하는 과정은 해당 텍스트를 쓰기 위해 반드시 필요한 과정이긴 하지만, 그러한 활동만으로 학생들의 쓰기 능력을 담보할 수는 없다. 이렇게 추출한 지식을 토대로 실제적 쓰기 맥락 안에서 홍보문을 써 나가는 과정을 거쳐야 비로소 해당 지식이 체득되기를 기대할 수 있다.▸6

따라서 홍보문 쓰기 과정을 단계별로 제시한 생활국어 교과서의 홍보문 쓰기 활동들을 국어 교과서에서 다룬 홍보문 텍스트 분석 과정의 단순 반복·적용 활동으로 간주하여 해당 활동을 생략하거나 과제로 처리한 김 선생님의 결정은 적절하지 않다. 표면적으로는 텍스트 분석 활동을 통해 확인한 지식을 단순히 연습·적용해 보는 활동으로 보일 수 있으나 이들 활동은 텍스트 분석을 통해 확인한 명제적 앎을 실제 쓰기 맥락 안에서 전략적 앎의 형태로 변환해 나가는 활동으로서 근본적으로 다른 활동이다. 이러한 활동이 생략될 경우 국어 수업 시간에 이루어지는 활동은 기존의 형식주의 쓰기 이론에 입각한 수업의 양상과 비슷해지게 된다. 즉, 2007 개정 교육과정에서는 특정 텍스트 유형, 즉 장르가 두드러지게 도입되었기 때문에 장르 중심의, 사회문화적 구성주의가 지향하는 지점을 명확히 인지하지 못할 경우, 쓰기 수업은 과정 중심의 인지적 구성주의가 극복하고자 했던 기존의 텍스트 중심 형식주의 쓰기 수업의 양상과 비슷해질 가능성이 매우 높다. 이런 점에서 국어교육의 이론적 흐름과 그에 따른 교육과정의 변화에 주목하는 것은 교육과정 상세화 작업을 역추적하고자 할 때 반드시 요구되는 자세라 할 수 있다.

**사례에서 이론으로**

6 소단원 (1)의 핵심 제재인 '홍보물 제작 일기'는 이러한 과정을 언어화하여 보여 주고 있다는 점에서 일정 부분 이러한 역할을 수행한다고 할 수 있다. 바로 이 지점이 해당 텍스트의 장점이며, 이런 이유에서 '일기' 텍스트가 핵심 제재로 선택되었음을 추론할 수 있다.

### 2) 용어 선택의 논리 추적하기

김 선생님의 두 번째 고민은 2007 개정 교육과정에서 새롭게 부각된 '장르'에 대한 이해와 관련이 있다. 소단원 (1)의 핵심 제재인 '홍보물 제작 일기'에서 언급한 '홍보물'과 학습 목표에서 언급한 '홍보하는 글(홍보문)'을 큰 의미 없는 용어 차이로 간주하고 교육과정 용어에 따라 '홍보문(홍보하는 글)'이라는 용어를 택해 이를 중심으로 수업을 진행하기로 한 김 선생님의 결정은 표면적으로는 크게 문제될 것이 없으며, 이는 국어 수업의 진행에서 그다지 중요한 지점이 아닌 듯 보인다.

그러나 표면적으로 사소해 보이는 '홍보물'이라는 용어는 사실 2007 개정 교육과정에서 중요하게 도입된 '장르' 개념의 중요한 속성을 드러낸다. 장르는 '특정한 수사적 상황에 따른 반복적 반응'(Swales, 1990)으로서, 언어화된 텍스트 유형과 동일한 개념이 아니다. 일반적으로 '텍스트 유형'이 언어화된 산물들의 결과적 부류로서 의미를 지닌다면 장르는 텍스트 유형들로 언어화되는 역동적 속성 자체를 지칭하는 개념에 더 가깝다. 따라서 장르는 고정된 실체라기보다는 '장르성'이라는 속성으로 존재한다고 할 수 있다. 이렇게 볼 때 하나의 장르는 결과적으로 여러 가지 텍스트 유형과 일대다(一對多)의 관계를 맺는다. 특정한 장르성은 구체적 맥락 및 변인, 매체에 따라 여러 종의 텍스트 유형으로 구체화될 수 있으며, 그럼에도 이들 텍스트 유형은 해당 장르성을 공유하고 있다는 점에서 하나의 장르로 묶일 수 있다.

국어 교과서에서 제시한 '홍보물'이란 용어는 홍보를 목적으로 하는 이들 장르를 구체적 텍스트 유형들과 구별하여 지칭하는 용어로 볼 수 있다. 이러한 장르성을 지닌 구체적 텍스트 유형들로는 홍보 기사, 홍보 포스터, 보도문, 광고 등이 있다. 소단원 (1)의 제재 '홍보물 제작 일기' 텍스트(국어 교과서 215쪽)에서도 이러한 점을 언급하고 있다.

홍보는 어떠한 대상을 다른 사람들에게 널리 알리는 거야. 그게 바로 홍보의 목적이겠지? 홍보하는 글은 보고문이나 보도 자료, 정보지의 형태일 수도 있고, 방송 프로그램이나 연설의 형태로 나타날 수도 있어. 아참, 우리가 텔레비전이나 신문, 잡지 등에서 만나는 광고도 역시 그 안에 포함되겠지.

교육과정이나 교과서 학습 목표에서 언급한 '홍보하는 글'이라는 표현은 장르 중심을 표방한 2007 개정 교육과정의 정신을 고려하면,▸7 '홍보문'이라는 텍스트 유형이 아니라 장르로서의 '홍보물'을 지칭한다고 이해하는 것이 타당할 것이다. 이는 2007 개정 교육과정에서 매체 언어 교육에 대한 지향이 두드러지게 도입되었다는 점을 고려하면 더욱 그러하다. 매체 언어 교육에서 취하는 관점 중 하나는 언어, 텍스트에 대한 확장적·기호적 관점이다. 다시 말해, 언어와 텍스트는 음성 언어 및 문자 언어와 그것으로 구성된 산물만을 지칭하는 것이 아니라 의미를 구성하는 기호 전체, 그러한 기호로 구성된 산물 전체를 지칭한다는 관점이다. 이에 따르면 글이란 문자 언어로 된 텍스트만을 가리키는 것으로 국한되지 않고 영상 언어, 복합매체 언어로 구성된 텍스트까지 폭넓게 가리키는 것으로 이해할 수 있다. 이러한 교육과정 정신을 고려하면, '홍보하는 글'을 '홍보물'로 재명명하고 그에 따르는 텍스트 유형들을 '홍보 기사, 홍보 포스터, 보도문, 광고' 등으로 분리하여 설명하는 방식이야말로 '언어, 글'에 대한 학습자의 기존 인식을 고려할 때 좀 더 타당한 접근이라 할 수 있다.

**사례에서 이론으로**

7 2011년 8월 개정 고시된 교육과정에서는 공식적으로 '홍보문' 등과 같은 구체적 장르는 사라졌다. 그러나 이는 2007 개정 교육과정에서 발견된 일부 개념적 혼란, 즉 '시평', '촌평' 등과 같이 장르보다는 오히려 텍스트 유형에 가까운 일부 요소들을 소거한 결과로 볼 수 있으며, 장르 개념은 2011 교육과정에서도 여전히 유지되고 있다고 보는 것이 적절하다.

교육과정 성취 기준에 언급된 '홍보하는 글'의 개념을 이와 같이 장르성을 지닌 '홍보물'의 차원에서 이해할 때 비로소 대단원 학습 목표에서 '홍보하는 글 쓰기'와 '영상 언어의 특성을 살려 영상으로 이야기 구성하기'가 연계되어 한 단원을 이루는 방식이 왜 가능하며 그것의 의미가 무엇인지 파악할 수 있다. 장르성을 지닌 '홍보물'을 텍스트 유형인 '홍보문'과 동일한 것으로 처리했던 김 선생님의 결정은 세 번째 문제 의식, 즉 영상 언어의 특성을 살려 영상으로 이야기를 구성하는 소단원 (2)의 적절성에 문제를 제기하는 것으로 연결된다. 표면적으로 용어 차원의 문제로서 비교적 사소해 보였던 이 같은 처리는 결국 매체 언어에 대한 김 선생님의 인식을 드러내 보이는 판단으로서, 이러한 판단이 소단원 (1)과 (2)의 연결 관계를 문제 삼고 교육과정에서 제시된 매체 언어 교육 내용의 구현 방향에 대한 판단으로 이어지고 있다는 점에서 결코 사소한 문제라 볼 수 없다.

### 3) 소단원 연계 및 내용 구체화의 논리 추적하기

김 선생님의 세 번째 고민은 두 번째 고민과 이어지는 지점에 놓여 있다. 다시 이 교과서의 대단원 학습 목표를 제시하면 다음과 같다.

① 독자의 요구와 관심사를 고려하여 학교나 지역 사회를 홍보하는 글을 쓴다.
② 문제 해결을 목적으로 전문가를 선정하여 면담한다.
③ 영상 언어의 특성을 살려 영상으로 이야기를 구성한다.

'홍보하는 글 쓰기'에서 '영상으로 이야기 구성하기'로 이어지는 학습 목표 간의 연계는 앞에서 언급했듯이 기본적으로 '홍보하는 글'에 대한 매체 언어적 관점(즉, 교과서에서는 '홍보물'이라는 표현으로 구체화되어 있다)이 전제되었기에 가능한 것으로 보인다.

국어 교과서 소단원 (2)의 핵심 제재인 '영상 언어의 특징'을 살펴보면, 영상 언어의 특징을 대략적으로 서술하는 데 그치는 것이 아니라 '숏(shot)'이라는 핵심 개념을 바탕으로 영상 언어의 의미 구성 방식을 매우 상세하게 다루고 있음을 알 수 있다. 즉, 이 텍스트에서는 카메라와 대상의 거리(익스트림 롱숏, 롱숏, 클로즈업 숏), 대상을 비추는 각도(눈높이 앵글, 로 앵글, 하이 앵글), 초점(앞의 대상에 초점 맞춘 경우, 뒤의 대상에 초점 맞춘 경우, 딥 포커스), 조명(밝고 균등한 조명, 명암이 뚜렷하게 대비되는 조명), 색채(초록빛, 붉은빛, 푸른빛, 주황빛), 카메라의 움직임(팬숏, 틸트숏, 핸드 헬드 숏, 줌숏) 등으로 나누어 영상 언어

이 장면은 영화 '바람과 함께 사라지다' 중의 한 부분이다. 우리는 이 장면을 보고 남자 주인공의 생김새와 표정, 옷의 색깔과 재질, 그가 서 있는 공간과 그 공간의 특성 등을 구체적으로 알 수 있다.

이 장면을 문자 언어로 설명한다고 해 보자. 문자 언어를 사용하는 이는 자신이 인상 깊게 본 부분을 선별하여 묘사하게 된다. 아무리 자세하게 묘사한다 해도 이 장면의 세부적인 요소들까지 빠짐없이 전달할 수는 없으며, 또한 그럴 필요도 없다. 묘사되지 않은 나머지 부분은 독자의 상상에 맡기는 것이다. 그에 비해 영상 언어는 어떤 대상의 외면을 다른 기호를 사용하지 않고 직접 전달하기에 보는 이가 대상을 직접 보고 있다는 착각을 불러일으킨다.

둘째, 영상 언어는 등장인물의 직접적인 말뿐 아니라 시각 이미지, 소리, 음악, 자막 등 다양한 요소를 통해 구성되는 특성을 지닌다. 각각의 요소는 특정한 의미를 드러낸다. 그러므로 영상 언어를 읽거나 직접 사용하려고 할 때에는 이러한 영상 구성 요소들이 각각 어떤 역할을 하며, 어떤 의미를 전달하게 되는지 알아야 한다. 이에 대해서 영상의 기본 단위인 숏을 중심으로 자세히 알아보자.

숏으로 말하다

영상은 '숏(shot)'을 기본 단위로 한다. 숏이란 카메라가 작동하기 시작해서 끝날 때까지의 연속된 한 화면을 가리키는 단위이다. 영상에서 숏은 글에서의 단어에 비유할 수 있다. 각각의 단어가 모여 문장을 이루고, 그 문장들이 모여 글을 이루듯 영상에서는 여러 개의 숏들이 모여 하나의 장면을 구성하고, 장면이 모여 이야기를 이룬다. 하나의 숏은 카메라와 대상의 거리, 카메라가 대상을 비추는 각도, 초점, 조명, 색채, 카메라의 움직임 등에 의해 특정한 의미를 갖게 된다.

230 6. 세상에 알리니

익스트림 롱 숏

롱 숏

미디엄 숏

클로즈업 숏

카메라와 대상의 거리

숏은 카메라와 대상 간의 거리에 따라 여러 가지로 구분된다. 익스트림 롱 숏(extreme long shot)은 아주 먼 거리에서 촬영하는 것으로, 인물이 '어디에' 있는가를 알려 줄 때 사용한다. 롱 숏(long shot)은 인물 전체를 화면에 담는 것으로, 인물과 인물이 속한 공간을 함께 보여 준다. 미디엄 숏(medium shot)은 인물의 머리부터 허리 아래쪽 정도까지를 화면에 담는 것으로, 인물에 좀 더 집중하면서 공간, 주변 인물 등에 대한 정보를 보여 준다. 클로즈업 숏(close-up shot)은 배경이나 인물의 일부를 화면에 크게 담는 것으로, 인물의 표정이나 감정 등을 자세하게 표현할 때 사용한다.

대상을 비추는 각도

카메라가 대상을 어떤 각도에서 바라보느냐에 따라 숏이 다양한 의미를 전달하게 되어 영상을 보는 사람이 느끼는 감정이 달라진다. 가장 보편적인 각

(2) 영상 언어의 특성 231

에서 어떻게 의미를 구성하는지 매우 구체적으로 설명하고 있다.

또한 이어지는 학습 활동에서도 다음과 같이 매우 구체적인 수준에서 영상 언어의 의미 구성 방식을 탐색하도록 하고 있다.

| | |
|---|---|
| 목표 활동 | • 영화의 한 장면 보고 영상 언어의 의미 구성 방식 파악하기<br>- 이 영화에 사용된 카메라 기법 모두 찾기<br>- 내가 감독이라 가정하고 이 장면에서 클로즈업 숏, 눈높이 앵글, 줌아웃 기법을 택해 촬영한 이유가 무엇일지 생각하기<br>• 어제 있었던 일 중 하나를 골라 영상으로 구성할 스토리보드 작성해 보기('영상-장면 설명 및 해설이나 대사-숏 구성 계획'의 틀로) |
| 적용 활동 | • 공익광고(숏별로 화면 제공)를 보고 영상 언어의 의미 구성 방식 파악하기<br>• 광고에서 말하고자 하는 의도를 말해 보기<br>• 5번 숏에서 카메라 각도 파악하기<br>• 9번 숏에서 들어간 효과음의 효과 추론하기<br>• 11번 숏에서 카메라 초점이 이동한 이유 말해 보기<br>• 이 광고 영상에 포함된 자막, 아이콘 등의 효과 이야기해 보기 |
| 통합 활동 | • 아시아의 국수 문화를 다룬 다큐멘터리(특정 숏과 그때의 내레이션 함께 제공)를 보고 영상 언어의 의미 구성 방식 파악하기<br>- 주어진 숏의 구성 방식이 내레이션의 의미를 잘 전달하는지 살펴보기<br>• 아시아 각국에서 국수가 무엇을 상징하는지 살피고 이를 통해 국수가 아시아인들에게 어떤 음식인지 말해 보기<br>• 위 활동을 바탕으로 국수 가게를 홍보하는 광고지 만들어 보기(핵심 문구-핵심 문구 뒷받침하는 내용-시각 자료 등) |

이처럼 대상과의 거리, 초점, 각도, 움직임, 조명, 색채 등 각종 카메라 기법을 동원해 구성된 숏을 통해 영상 언어의 의미 구성 방식을 매우 구체적인 수준에서 다루고 있는 핵심 제재 및 학습 활동과 관련하여 김 선생님은 이 내용들이 국어 수업 환경에서 실제로 잘 다루어질 수 있는지, 더 나아가 과연 이 내용들이 국어 수업에서 다루어져야 하는 것인지 의문을 제기하고 있다. 김 선생님은 특정 매체에서 의미가 구성되는 방식을 기술적 차원에서 상세히 아는 것은 매체 언어 교육의 지향점이 아니라고 생각했고, 특히 숏별로 스

토리보드를 짜 보는 과정은 교실 환경 안에서 유의미하게 다루어지기 어렵다고 판단했다. 그리고 하나의 대단원 안에서 홍보하는 글 쓰기에 이어지는 내용으로 보기에도 소단원 (2)의 활동들은 유기성이 떨어진다고 판단했다. 소단원 (2)의 통합 활동 말미에서 다큐멘터리 자료를 보고 거기 포함된 정보를 활용해 국수 가게를 홍보하는 광고지를 만들어 보는 활동이 있기는 하지만, 그 직전까지 초점이 맞춰져 있던 영상 언어의 의미 구성 방식 탐구 활동과는 그다지 연결점이 없어 보이는 다소 억지스러운 마무리라고 생각되었기 때문이다.

그래서 김 선생님은 소단원 (2)는 핵심 제재를 읽고 영상 언어의 특징을 간략히 파악한 후 영상 언어의 특징을 고려해 홍보 영상을 만들 때 어떤 점에 유의해야 할지 이야기해 보는 활동으로 초점화하기로 했다. 즉, 소단원 (1)에서 배운 홍보문 쓰기 방법에 '매체의 특성을 고려하는 것'을 추가하는 정도로 소단원 (2)를 마무리하는 것이 좋겠다고 판단한 것이다. 이것이 국어 수업 안에서 매체 언어를 다루는 적절한 방식이며, 이러한 방식이 본 대단원의 유기성을 위해서도 적절하다고 생각했다. 그러나 앞서도 언급했듯이 이러한 판단은 기본적으로 '홍보물'을 '홍보문'으로 대체하여 받아들였던 김 선생님의 매체 언어 교육관에서 비롯된 것이다.

2007 개정 교육과정부터 새로운 지향으로 도입되었던 매체 언어 교육은 '매체 언어를 활용한 교육'을 넘어 '매체 언어의 교육'으로 확장되었다.▸8 이는 음성 언어 및 문자 언어로 구성된 텍스트뿐만 아니라 영상 언어나 복합

**사례에서 이론으로**

8 매체 언어 교육은 교수·학습을 위해 매체를 활용하는 것이 아니라 매체의 언어 작용과 매체 텍스트의 의미와 가치에 대해 비판적으로 수용하고, 매체를 통해 개인적 혹은 사회적 의사소통을 할 수 있는 능력을 길러주는 교육이다. 이런 점에서 매체를 활용한 교육과 매체의 언어와 문화를 다루는 교육은 개념상 구분될 필요가 있다(윤여탁 외, 2008: 23-24).

양식 언어로 구성된 텍스트도 의미를 읽어 내야 할 텍스트라는 인식, 그 의미를 읽어 낼 수 있기 위해서는 해당 텍스트에서 의미를 구성하는 방식에 대한 기본적 이해가 뒷받침되어야 한다는 인식에 기초해 있다.

이런 인식을 전제하면 영상 언어의 의미 구성 원리를 이해하는 것은 영상 언어로 구성된 텍스트의 의미를 이해하고 영상 언어 텍스트를 구성하고자 할 때 필수적인 과정이라 할 수 있다. 이들 매체의 기술적 부분에 대해 이해하는 것이 과연 국어교육의 소임인가에 대한 문제 제기는, 이들 기술적 부문이 해당 매체의 의미 구성 방식과 직결된다는 점을 고려하면 매체 언어 교육의 본질을 놓치고 있다고 볼 수 있다.[9]

미디어 리터러시(media literacy) 또는 미디어 문식성은 이처럼 해당 매체의 의미 구성 방식에 대한 앎을 토대로 그러한 매체에서 구성된 의미를 파악하고 직접 해당 매체로 의미를 구성하고 소통하며 향유할 수 있는 능력을 의미한다. 오늘날 학생들이 많이 접하는 컴퓨터나 텔레비전은 음성·문자·영상이 복합적으로 개입하는 복합양식 언어(multi-modal language)가 두드러지는 매체라는 점에서 이들 매체 언어의 의미 구성 원리를 아는 것은 학생들에게 필수적으로 요구되는 매우 기본적인 소양이라고 할 수 있다. 따라서 소단원 (2) 정도의 수준으로 영상 언어의 의미 구성 방식을 다루는 것은 학생들에게 미디어 문식성을 길러주기 위해 필요한 과정으로서, 이를 영상 매체의 기술에 대한 설명으로 치환하거나, '매체'를 언어 활동에 개입하는 맥락 요소로 추상적으로만 다루고 넘어가는 것은 이에 대한 적절한 접근이라 보기 어렵다.

**사례에서 이론으로**

9 여기서 주지해야 할 것은 이처럼 영상 언어의 기술적 특징을 분석하는 과정이 문자 언어의 기호적 특징을 분석하는 과정과 기본적으로 동질적이라는 점이다. 영상 언어의 기술적 특징을 분석하는 것은 곧 텍스트로 구성된 의미를 해석할 수 있는 보다 넓은 의미의 '문식성'을 기르는 문제와 연관된다.

소단원 (1)에서는 역동적인 장르인 '홍보물'에 주목하여 홍보물의 장르적 속성을 분석하고 이를 '홍보문'이라는 문자 언어로 구체화해 보는 과정(학습 활동에는 이에 더해 문자 언어와 이미지 언어가 복합된 '홍보 포스터'가 제시되어 있다.)을 통해 해당 장르의 쓰기 전략을 학습한 후, 소단원 (2)에서 해당 장르를 다시 '홍보 영상'이라는 영상 언어로 구체화해 보는 과정은 하나의 '장르'가 여러 맥락 변인과 매체 변인에 따라 다변화되는 양상을 체험하는 과정인 동시에 고전적인 의미에서의 문식성을 넘어 미디어 문식성으로 나아가는 유의미한 체험 과정일 수 있다.

소단원 (2)에서 영상 언어의 의미 구성 원리를 설명하고 연습하는 활동이 집중적으로 제공되는 것은 언뜻 소단원 (1)과의 연계성을 떨어뜨리고 있는 것처럼 보이지만, 오히려 소단원 (1)과의 연계성을 무리 없이 확보하기 위해 반드시 필요한 지점이라 할 수 있다. 영상 언어의 의미 구성 원리를 이해하지 않고서는 영상 언어 읽기 및 쓰기와 관련한 미디어 리터러시로 나아갈 수 없기 때문이다. 따라서 소단원 (1)과 (2)의 연계성을 이해하기 위해서는 '홍보물'에서 출발한 교과서의 집필 의도와 매체 언어 교육과 관련한 2007 개정 교육과정의 새로운 관점에 대한 이해가 뒷받침되어야 한다. 이런 점에서 교육과정 상세화의 역추적 과정은 필연적으로 국어 교육과정과 국어교육학에 대한 이해를 동반하는 이론적 과정이라 할 수 있다.

## 4. 원리의 재확인

이 장에서는 국어교육 이론과 국어 교육과정 정신이 어떻게 국어 교과서에 반영되어 학습 목표와 단원 구성, 학습 활동으로 구체화되는지 살펴보았다. 이러한 사례를 통해 교과서 상세화 작업을 역추적하고 이를 통해 교과서를 이해하기 위한 핵심 원리와 그 구체적 방법을 확인할 수 있었다.

**핵심 원리**

교과서의 학습 목표 설정 및 단원 구성의 의도를 국어교육학 이론 및 국어 교육과정 정신에 입각하여 이해할 수 있어야 한다.

**구체적 방법**

- 교과서는 교육과정 상세화의 산물이고, 교육과정은 변화하는 국어교육학 이론의 반영이라는 점을 고려하여, 국어교육학 이론→국어 교육과정→국어 교과서로 이어지는 큰 그림 하에서 국어 교과서 분석이 이루어져야 함을 인식한다.
- 이러한 인식 하에, 교과서 분석에 앞서, 새로운 국어 교육과정 정신('장르 지향', '미디어 리터러시 지향' 등)과 그 의의를 국어교육학 이론에 입각하여 해석해 본다.
- 이러한 해석에 근거하여 소단원 간의 연계, 핵심 개념의 의미, 학습 활동 구성 양상 등을 분석함으로써, 교과서의 학습 목표 설정 및 단원 구성의 의도를 파악해 본다.

이상과 같은 원리와 방법은 교육과정 상세화의 산물인 교과서를 이해할 수 있는 핵심 지식으로서, '맥락화된 이론'으로서 실제성을 띠어야 하는 교과서 이론의 중요한 부분을 이룬다 할 수 있다.

# 집필 후기

적지 않은 학교에 출강할 때부터 〈국어 교과 교육론〉, 〈국어과 교재 연구 및 지도법〉과 비슷한 종류의 강의를 맡게 되었고, 그때마다 국어 교과서는 늘 수강생들의 핵심 관심사였다. 그 때마다 국어 교과서 이론을 제시할 수 없는 채로 교육과정을 분석하고 교과서를 대비시켜 보는 정도에 그쳐야 했던 것이 늘 마음에 짐이 되었다.

즉, 수강생들에게 교과서 분석 과제를 부여하고 그에 대해 평가하면서, 과연 어떠한 기준에 의거하여, 어떤 평가를 내려야 할 것인지, 바람직한 교과서의 전형은 있는 것인지, 그 원리를 기술한 이론이 가능한 것인지, 가능하다면 어떤 것이어야 하는지 문제의식을 가지기 시작했다. 더 나아가, 국어교육학이 학문이라면 국어 교과서 이론 정도는 독자적으로 구축되어야 할 것 아닌가.

국어 교과서 이론은 예비 교사가 교과서를 분석할 때 무엇을 본질로 보고 원리로 보아야 하는지 알려주고 그를 바탕으로 올바른 실천을 할 수 있도록 해 주는, 이론과 실천의 관계도 명료하게 보여주어야 한다고 생각했다. 그러는 동안 평소 많은 영향을 받았던 언어학자 M.A.K. Halliday의 이론관을 접하면서 이와 같은 저작이 나올 수도 있겠다는 확신을 갖게 되었고 책을 본격적으로 구상하기 시작했다. 체계기능언어학파의 이론관에 대해서는 별도로 논의할 기회가 있을 것이다.

국어교육학의 학문적 성격을 밝히는 준거로서 '이론과 실천의 관계'를 90년대 초반부터 정치하게 논의해 오신 박인기 선생님, 그리고 국어교육학은 현재 땅콩껍질의 중간과도 같아서 중간 층위의 이론을 두텁게 하지 않으면 언제든 이론과 실천은 둘로 쪼개질 수 있음을 역설하셨던 최영환 선생님 덕분에, 누구나 답답하게 생각하고 있었지만 막연하게만 느껴졌던 이론과 실천의 관계를 실험하려는 시도니까 할 수 있었다. 그리고 본격적으로 교육과정과 교과서의 관계를 볼 수 있는 관점을 마련해 주시고 교과서의 다양한 면을 명시적으로 언어화해 주신 정혜승 선생님 덕분에, 국어 교과서를 본격적으로 연구 대상으로 바라볼 수 있어 연구에 박차를 가할 수 있었다.

국어 교과서는 국어교육학 이론의 총체를 보여줄 수 있어야 한다고 말씀하시고, 교과서와 그 부교재까지도 심혈을 기울여 연구하시는 모습을 보여주셨던 김대행 선생님 덕분에, 진행하고 있는 연구가 과연 어느 층위의 실천을 변혁하고자 하는 것인지 문제제기해 주셨던 김종철 선생님 덕분에, 연구를 입체적으로 바라볼 수 있었다.

여러 학문 분야를 포용하시고 실천의 장에서도 적극적으로 활약하시면서도 연구자로서의 귀감만을 보여주시는 민현식 선생님과, 훌쩍 가버리신 지 벌써 10년이 되어 가지만 여전히 국어 문법교육학자로서 국어교육학 전체에 큰 영향을 끼치고 계신 故 김광해 선생님께는, 아직 여기까지밖에 오지 못한 것이 죄송스럽기만 하다.

2009년 계약서에 서명을 했을 때에만 해도 국어교육학자로서 무언가 교과서에 대한 원리를 제시할 수 있을 줄 알았다. 그러나 선배 학자들께서 모두 문제화해 놓으신 것에 동의하는 수준의 아이디어만 있었을 뿐, 좀처럼 일관된 층위의 이론, 일관된 언어화의 층위를 도출해 내기가 어려웠다. 공동 작업으로 전환한 이후, 문제의식이 멋지게 구체화되는 모습을 보면서, 공동연구의 이상(理想)으로 상상만 하고 있던 것을 그대로 경험하게 되었다. 공동연구로 전환하지 않았다면, 이 책은 나오지 못했을 것이다. 분명하다.

긴 시간 기다려 주신 사회평론 출판사에 진심으로 감사드린다.

# 참고 문헌


강남욱 · 김호정(2012), 한국어 교재 평가론의 통시적 고찰, 국어교육연구 29: 1-33.

교육부(2002), 고등학교 국어 (상), 교육부.

김대행(2000), 교과서와 국어교육관, 국어교육학연구 10: 1-18.

_____(2008), 국어과 교재론의 발전 방향, 우리말교육현장연구 2-1: 7-23.

김대행 외(2009), 중학교 1-1 국어, 천재교육.

_____(2009), 중학교 1-1 생활국어, 천재교육.

김라연(2002), 6차 국어 교과서와 7차 국어과 교과서 비교 연구—중학교 1학년 교과서를 중심으로, 이화여자대학교, 인간발달 7: 13-30.

김상욱(2008), 2007 개정 교육과정에 따른 중학교 교과서의 개발 방향, 우리말교육현장연구 2-1:67-94.

김상욱 외(2012), 중학교 3-1 국어, 창비.

_____(2012), 중학교 3-1 생활국어, 창비.

김종철 외(2007), 7차 교육과정 국어 교과서에 대한 비판적 검토, 국어교육연구 19: 139-237.

김창원(2003), 문학 교과서 개발에 대한 비판적 점검, 문학교육학 11: 43-81.

김혜정(2005), 국어과 교수-학습 방법론에 대한 비판적 고찰, 국어교육 118: 31-64.

남가영(2012), 문법교육과 교과서, 한국어학 57: 1-34.

박수자(2003), 국어과 교육과정과 활동 중심 국어 교과서의 관계 고찰, 어문학교육 26: 99-125.

박인기(1995), 문학교육연구의 이론성과 실제성, 선청어문 23: 41-58.

_____(2006), 교과교육학의 학문 위상과 현 단계 도전 과업, 교과교육학연구 10-1: 261-280.

_____(2007), 독서 현상 연구와 독서 정책의 방향, 독서연구 7: 9-35.

박정진(2005), 학교급별 국어 교과서의 단원 전개 방식 분석, 한국초등국어교육 25: 77-100.

박창균 · 함욱 · 김주영(2010), 국어과 교육과정 실행 점검을 통한 교과서 평가 방안, 새국어교육 86: 157-185.

윤여탁 외(2008), 매체언어와 국어교육, 서울대학교출판문화원.

이경화 · 김혜선(2008), 2007년 개정 국어과 교육과정 내용의 상세화 원리 체계화 연구, 국어교육학연구 33: 525-555.

이삼형(1994), 국어 교과서 체제 변화에 대하여, 국어교육학연구 4: 45-66.
이성영(1992), 국어과 교재의 특성, 국어교육학연구 2: 71-92.
_____(2006), 국어 교과서를 구성하는 텍스트들의 유형, 한국초등국어교육 32: 284-306.
_____(2009), 국어 교과서 정책, 국어교육학연구 36: 71-98.
이창수(2005), 국어과 교육과정이 교과서에 반영되는 유형에 관한 연구: 제7차 교육과정 6학년을 중심으로, 우리말글 7: 139-175.
_____(2007), 국어과 교육과정이 교과서에 반영되는 유형에 따른 분석 연구: 제7차 교육과정 4학년을 중심으로, 새국어교육 76: 295-340.
이호형(2008), 교사와 학습자의 상호 교섭을 고려한 국어 교과서 단원 구성 방법 연구, 새국어교육 80: 383-413.
정혜승(2002a), 제7차 국어과 교육과정 실행 사례 연구, 교육과정연구 20-4: 107-140.
_____(2002b), 국어과 교육과정이 교과서에 반영되는 방식에 관한 연구, 한국어학 15: 229-258.
_____(2003), 국어 교과서 연구의 현황과 반성, 국어교육학연구 16: 433-469.
_____(2004), 국어 교과서 평가 방안 연구, 국어교육학연구 21: 433-476.
_____(2005), 미국의 국어 교과서 분석 연구—교과서의 기능을 중심으로, 독서연구 14: 335-371.
_____(2011), 국어 교과서의 다양한 구현 방향: 검정 전, 중, 후 단계를 중심으로, 교육과정연구 19-2: 99-119.
조혜숙(2007), 교과서 연구 현황 분석: 제7차 중학교 국어 교과서를 중심으로, 고려대학교 교육대학원 석사학위 논문.
주세형(2009), 할리데이 언어 이론의 국어교육학적 의미, 국어교육 130: 173-240.
_____(2013), 문법교육학의 본질과 독자성, 선청어문 40: 281 300.
최가진(2001), 국어 교과서 단원 체제의 효율성에 대한 연구—현행 고등학교 교과서를 중심으로, 독서연구 6: 407-456.
최미숙(2006), 제7차 초등학교 국어 교과서에 대한 비판적 점검, 국어교육학연구 27: 25-58.
최미숙 외(2012), 국어교육의 이해, 사회평론.
최영환(1999), 국어교육학 정립의 방향, 국어교육학연구 1: 1-15.
_____(2003), 효율적인 국어과 교재 구성의 방안, 국어교육학연구 16: 533-558.
_____(2005), 국어과 교재의 핵심 요소와 구성 방향, 교과서연구 45: 21-27.
최지현(2011), 문학교육의 이론과 실제: 이론의 실천성에 대한 논란을 중심으로, 새국어교육 89: 429-460.

최지현 외(2007), 국어과 교수 학습 방법, 역락.

최현섭 외(1999), 국어교육학 개론, 삼지원.

한기철(2011), '실제'와 '이론'의 두 가지 의미와 '실천 철학'으로서의 교육철학 논의에 대한 반성적 분석, 교육사상연구 25-3: 245-269.

Bazerman, C.(2009), Genre and cognitive development: Beyond writing to learn, *Genre in a changing world* (Ed.) by C. Bazerman. et al, The WAC Clearinghouse and Parlor Press: 283-298.

Carnap, R.(1966)/윤용택 역(1993), 과학철학입문, 서광사.

Giere, R. N. et al.(2006)/조인래 외 역(2012), 과학적 추론의 이해, 소화.

Martin, J.(1993),. Genre and literacy. *Literacy: Major Themes in Education* (Ed.) by D. Wray, Routledge Falmer: 297-326.

Matthiessen, C. et al.(2010), *Key Terms in Systemic Functional Linguistics*, Continuum.

Stern, H. H.(1983)/심영택 외 역(1995), 언어 교수의 기본 개념, 하우.

Swales, J.(1990), *Genre analysis: English in academic and research settings*, Cambridge University Press.

## 찾아보기